NIEZBĘDNA KSIĄŻKA KUCHENNA Z SOSEM POMIDOROWYM

100 pikantnych dań do każdego dania z makaronem i nie tylko

Mariusz Pawłowski

Prawa autorskie ©2024

Wszelkie prawa zastrzeżone

Żadna część tej książki nie może być wykorzystywana ani rozpowszechniana w jakiejkolwiek formie i w jakikolwiek sposób bez odpowiedniej pisemnej zgody wydawcy i właściciela praw autorskich, z wyjątkiem krótkich cytatów użytych w recenzji. Niniejsza książka nie powinna być traktowana jako substytut porady lekarskiej, prawnej lub innej porady zawodowej.

SPIS TREŚCI

SPIS TREŚCI **3**
WSTĘP **6**
GORĄCY SOS POMIDOROWY **7**
   1. Chile Salsa 8
   2. Kreolski Gorący Sos pieprzowy 10
   3. Harissa 12
   4. Gorący Sos do makaronu 14
   5. Salsa alla Sos Amatriciana 16
   6. Meksykański sos z karabinu maszynowego 18
   7. Pikantny sos pomidorowy i czerwona papryka 20
   8. Sos pomidorowy po syczuańsku 22
   9. Ognisty sos z pieczonych pomidorów 24
   10. Sos pomidorowy Habanero e 26
   11. Tajski pikantny sos pomidorowy 28
   12. Sos pomidorowy Cajun 30
SOS POMIDOROWY BBQ **32**
   13. Sos barbecue z masłem jabłkowym 33
   14. Sos barbecue do wędlin 35
   15. Pikantny Sos Pomidorowy BBQ 37
   16. Pikantny brzoskwiniowy sos pomidorowy BBQ 39
   17. Sos pomidorowy Maple Bourbon BBQ e 41
   18. Miodowy Sos Pomidorowy Chipotle BBQ 43
   19. Kawowy Sos Pomidorowy BBQ 45
   20. Ananasowy sos pomidorowy Jalapeno BBQ 47
   21. Koreański sos pomidorowy BBQ 49
SALSA POMIDOROWA **51**
   22. Grillowana salsa chili 52
   23. Salsa Arbol-Awokado 54
   24. Salsa Picante z Clear Creek 56
   25. włoska salsa 59
   26. Salsa pomidorowa Jalapeno 61
   27. Salsa ananasowo-mango 63
   28. Salsa z kukurydzy i czarnej fasoli 65
   29. Salsa Pico de Gallo 67
   30. Arbuzowa salsa pomidorowa 69
   31. Salsa kukurydziana z pomidorami i awokado 71
   32. Salsa Mango Habanero 73
   33. Salsa Pomidorowa Verde 75
   34. Salsa z pieczonej czerwonej papryki 77
CHUTNEY POMIDOROWE **79**

35. Owocowy grill chutney 80
36. Chutney z bakłażana i pomidorów 82
37. Chutney pomidorowy z chile 85
38. Chutney z kukurydzy i pomidorów 88
39. Pikantny chutney z zielonych pomidorów 90
40. Capsicum (Papryka) i chutney pomidorowy 92
41. Kiełki kozieradki i chutney pomidorowy 94
42. Chutney z bazylii i suszonych pomidorów 96
43. Słodko-kwaśny chutney z papai 98

PESTO POMIDOROWE 100
44. Pesto z suszonych pomidorów bazyliowych 101
45. Sos z suszonego pesto 103
46. Serowe pesto z karczochów 105
47. Pesto z francuskiego sera koziego 107
48. Pesto z fety i suszonych pomidorów 109
49. Pesto z pieczonej czerwonej papryki i pomidorów 111
50. Pikantne pesto z pomidorów i bazylii 113
51. Pesto pomidorowo-orzechowe 115
52. Pesto pomidorowe Rosso 117
53. Pesto z pomidorów i migdałów 119
54. Pesto z pomidorów i nerkowców 121
55. Pesto z pomidorów i pistacji 123
56. Pesto z pestek pomidorów i dyni 125

SOSY POMIDOROWE DO MAKARONÓW 127
57. Podstawowy sos do makaronu 128
58. Pikantny sos do makaronu 130
59. Cytrusowy sos do makaronu 132
60. Piwo sos do makaronu 134
61. Sos do makaronu Kalkuta 136
62. Pikantny sos pomidorowy neapolitański 138
63. Sos neapolitański z pieczonymi pomidorami i czosnkiem 140
64. Balsamiczny sos pomidorowy neapolitański 142
65. Sos pomidorowy caprese 144
66. Makaron z sosem grzybowo-pomidorowym 146
67. Sos pomidorowo-oliwkowy do makaronu 148

SOS POMIDOROWY MARINARA 150
68. Gruby sos Marinara 151
69. 30-minutowy sos Marinara 153
70. Marynata czosnkowa 155
71. Sos makaronowy Marinara 157
72. Salsa Marinara 159
73. Marynara z pieczonych pomidorów czosnkowych 161
74. Marinara z grzybów i pomidorów 163

75. Ostra marynata z pomidorów i czerwonej papryki 165
76. Marinara ze szpinaku i pomidorów 167
SOS POMIDOROWY ARRABIATA 169
77. Klasyczny sos pomidorowy Arrabbiata 170
78. Sos Arrabbiata z Pieczonych Pomidorów 172
79. Pikantny Sos Pomidorowy Arrabbiata z Pancettą 174
80. Wegański sos pomidorowy Arrabbiata 176
81. Kremowy sos pomidorowy Arrabbiata 178
82. Sos Arrabbiata z Pieczonej Czerwonej Papryki 180
83. Sos Arrabbiata z suszonych pomidorów 182
84. Sos grzybowy Arrabbiata 184
SOS KREM POMIDOROWY 186
85. Sos kremowy z suszonych pomidorów 187
86. Wódka Kremowy Sos Pomidorowy 189
87. Kremowy sos pomidorowy z pieczonym czosnkiem 191
88. Kremowy sos pomidorowo-wiśniowy z parmezanem 193
89. Sos kremowo-pomidorowy z bazylią 195
90. Pikantny kremowy sos pomidorowy 197
91. Kremowy sos pomidorowo-grzybowy 199
92. Szpinakowo-kremowy sos pomidorowy 201
93. Sos śmietanowy z suszonych pomidorów i bazylii 203
94. Sos kremowy z pomidorów i pieczonej czerwonej papryki 205
95. Sos kremowy z pomidorów i koziego sera 207
96. Sos śmietanowy z pomidorów i gorgonzoli 209
97. Sos kremowo-pomidorowy z bekonem 211
98. Ziołowy kremowy sos pomidorowy 213
99. Kremowy sos pomidorowy z krewetkami 215
100. Kremowy pomidor i szpinak Alfredo 217
WNIOSEK 219

WSTĘP

Witamy w „Podstawowej książce kucharskiej na temat sosu pomidorowego", w której zanurzamy się w bogaty i aromatyczny świat sosu pomidorowego. Sos pomidorowy to serce i dusza niezliczonych dań, od klasycznych przepisów na makarony po pikantne gulasze i nie tylko. W tej książce kucharskiej przedstawiamy 100 pikantnych dań, które ukazują wszechstronność i smakowitość sosu pomidorowego, oferując inspirację na każdy posiłek i każdą okazję. Sos pomidorowy to coś więcej niż tylko przyprawa — to kulinarny kamień węgielny, który stanowi podstawę niezliczonych dań w kuchniach całego świata. Niezależnie od tego, czy gotujesz na wolnym ogniu, aby uzyskać bogatą i pożywną szmatę, mieszasz ją z makaronem, aby uzyskać szybki i satysfakcjonujący posiłek, czy też używasz go jako bazy do zup, zapiekanek i pizzy, sos pomidorowy dodaje głębi, smaku i żywotności do każdego naczynia, którego dotknie. W tej kolekcji pokażemy Ci, jak opanować sztukę przygotowywania sosu pomidorowego od podstaw i wykorzystać ją do stworzenia przepysznych przepisów, które zachwycą Twoje kubki smakowe. Ale „Podstawowa książka kucharska na sos pomidorowy" to coś więcej niż zbiór przepisów — to hołd dla skromnego pomidora i jego niesamowitego potencjału kulinarnego. Przeglądając strony tej książki kucharskiej, odkryjesz historię i znaczenie kulturowe sosu pomidorowego, a także wskazówki i techniki jego przygotowania i wykorzystania w kuchni. Niezależnie od tego, czy jesteś doświadczonym szefem kuchni, czy początkującym kucharzem, w tej książce kucharskiej znajdziesz coś, co zainspiruje i podnieci Twojego wewnętrznego artystę kulinarnego. Niezależnie od tego, czy gotujesz rodzinny obiad, organizujesz przyjęcie, czy po prostu masz ochotę na miskę makaronu, niech „Podstawowa książka kucharska na temat sosu pomidorowego" będzie Twoim przewodnikiem. Od klasycznych włoskich przepisów po dania inspirowane kuchnią światową – w tej kolekcji znajdziesz przepis na sos pomidorowy, który zaspokoi każde podniebienie i upodobanie. Przygotuj się na podniesienie poziomu gotowania i delektuj się bogatymi i pikantnymi smakami sosu pomidorowego.

GORĄCY SOS POMIDOROWY

1.Chile Salsa

SKŁADNIKI:
- 6 średnich pomidorów
- 2 papryczki jalapeño
- 1 mała cebula, posiekana
- 2 ząbki czosnku
- Sok z 1 limonki
- 1/4 szklanki liści kolendry
- Sól dla smaku

INSTRUKCJE:
a) Rozgrzej brojler w piekarniku.
b) Pomidory i papryczki jalapeño ułóż na blasze do pieczenia i piecz przez około 5 minut, aż skórka się zrumieni.
c) Wyjmij z piekarnika i pozwól im lekko ostygnąć.
d) Usuń skórkę z pomidorów i łodygi z papryczek jalapeño.
e) W blenderze lub robocie kuchennym połącz pomidory, papryczki jalapeño, cebulę, czosnek, sok z limonki, liście kolendry i sól.
f) Mieszaj, aż będzie gładka.
g) Przełóż salsę do słoika lub hermetycznego pojemnika i wstaw do lodówki.

2.kreolski Gorący Sos pieprzowy

SKŁADNIKI:
- 10 papryczek habanero, usunięte łodygi
- 2 ząbki czosnku
- 1/2 szklanki białego octu
- 2 łyżki koncentratu pomidorowego
- 1 łyżka papryki
- 1 łyżka miodu
- 1 łyżeczka soli

INSTRUKCJE:

a) W blenderze lub robocie kuchennym wymieszaj papryczkę habanero, czosnek, biały ocet, koncentrat pomidorowy, paprykę, miód i sól.
b) Mieszaj, aż będzie gładka.
c) Sos przełożyć do rondla i doprowadzić do wrzenia na średnim ogniu.
d) Gotuj około 10 minut, od czasu do czasu mieszając.
e) Zdejmij z ognia i pozwól sosowi ostygnąć.
f) Po ostygnięciu sos przełożyć do słoika lub szczelnego pojemnika i przechowywać w lodówce.

3.Harissa

SKŁADNIKI:
- 6 suszonych papryczek chili (takich jak ancho lub guajillo), usunięte łodygi i nasiona
- 2 ząbki czosnku
- 2 łyżki oliwy z oliwek
- 1 łyżka koncentratu pomidorowego
- 1 łyżka mielonego kminku
- 1 łyżeczka mielonej kolendry
- 1 łyżeczka zmielonych nasion kminku
- 1/2 łyżeczki mielonego cynamonu
- 1/2 łyżeczki soli

INSTRUKCJE:
a) Suszone papryczki chili włóż do miski i zalej wrzącą wodą.
b) Paprykę pozostawiamy na około 15 minut, aż zmięknie.
c) Odcedź paprykę i przełóż ją do blendera lub robota kuchennego.
d) Dodać czosnek, oliwę, koncentrat pomidorowy, kminek, kolendrę, kminek, cynamon i sól.
e) Mieszaj, aż będzie gładka.
f) Sos przełożyć do słoika lub szczelnego pojemnika i przechowywać w lodówce.

4.Gorący Sos do makaronu

SKŁADNIKI:
- 2 łyżki oliwy z oliwek
- 1 cebula, drobno posiekana
- 2 ząbki czosnku, posiekane
- 1/2 szklanki ulubionego ostrego sosu
- 1 puszka (28 uncji) pokruszonych pomidorów
- 1 łyżeczka suszonej bazylii
- 1 łyżeczka suszonego oregano
- 1/2 łyżeczki cukru
- Sól i czarny pieprz do smaku

INSTRUKCJE:
a) W dużym rondlu rozgrzej oliwę z oliwek na średnim ogniu.
b) Dodaj posiekaną cebulę i posiekany czosnek i smaż, aż cebula będzie przezroczysta, a czosnek zacznie pachnieć.
c) Dodaj gorący sos i gotuj przez 1 minutę.
d) Dodać rozdrobnione pomidory, suszoną bazylię, suszone oregano, cukier, sól i czarny pieprz.
e) Doprowadź sos do wrzenia i gotuj przez około 20 minut, od czasu do czasu mieszając.
f) Zdejmij z ognia i pozwól sosowi ostygnąć.
g) Po ostudzeniu sos przełożyć do słoika lub szczelnego pojemnika i przechowywać w lodówce.

5.Salsa alla Sos Amatriciana

SKŁADNIKI:
- 1/4 szklanki oliwy z oliwek
- 1 cebula, drobno posiekana
- 4 plasterki pancetty, posiekane
- 2 ząbki czosnku, posiekane
- 1 łyżeczka płatków czerwonej papryki
- 1 puszka (14 uncji) pokruszonych pomidorów
- 1/2 łyżeczki soli
- 1/4 łyżeczki czarnego pieprzu

INSTRUKCJE:
a) W rondlu rozgrzej oliwę z oliwek na średnim ogniu.
b) Dodaj posiekaną cebulę i pancettę i smaż, aż cebula będzie przezroczysta, a pancetta chrupiąca.
c) Dodaj posiekany czosnek i płatki czerwonej papryki i smaż przez dodatkową minutę.
d) Dodać rozdrobnione pomidory, sól i czarny pieprz.
e) Doprowadź sos do wrzenia i gotuj przez około 15 minut, od czasu do czasu mieszając.
f) Zdejmij z ognia i pozwól sosowi ostygnąć.
g) Po ostudzeniu sos przełożyć do słoika lub szczelnego pojemnika i przechowywać w lodówce.

6. Meksykański sos z karabinu maszynowego

SKŁADNIKI:
- 2 łyżki masła
- 1 (6 uncji) puszka koncentratu pomidorowego
- 21 szklanek destylowanego białego octu
- ½ szklanki miodu
- ½ łyżki musztardy w proszku
- 3 łyżki suchej przyprawy do nacho
- 41 łyżek gorącego curry w proszku
- 2 łyżki mieszanki przypraw do taco
- 2 łyżki bazylii
- 2 łyżki czarnego pieprzu
- 2 łyżki soli morskiej/soli koszernej

INSTRUKCJE:
a) W dużym rondlu wymieszaj składniki.
b) Doprowadzić mieszaninę do wrzenia, następnie zmniejszyć ogień do małego i gotować przez 10 minut. Ostudzić przed podaniem.

7. Pikantny sos pomidorowy i czerwona papryka

SKŁADNIKI:
- 2 czerwone papryki
- 2 łyżki oliwy z oliwek
- 1 cebula, pokrojona w kostkę
- 3 ząbki czosnku, posiekane
- 28 uncji (800 g) pomidorów z puszki, pokrojonych w kostkę
- 1 łyżeczka płatków czerwonej papryki (dostosuj do smaku)
- Sól i pieprz do smaku

INSTRUKCJE:
a) Rozgrzej piekarnik do 400°F (200°C). Połóż czerwoną paprykę na blasze do pieczenia i piecz w piekarniku aż do zwęglenia, około 25-30 minut. Wyjąć z piekarnika i pozostawić do lekkiego przestygnięcia.
b) Po ostygnięciu obierz pieczoną czerwoną paprykę ze skórki, usuń gniazda nasienne i pokrój w kostkę.
c) Na dużej patelni rozgrzej oliwę z oliwek na średnim ogniu. Dodajemy pokrojoną w kostkę cebulę i posiekany czosnek. Smaż, aż zmięknie, około 5 minut.
d) Na patelnię dodaj pokrojone w kostkę pomidory, pieczoną czerwoną paprykę i płatki czerwonej papryki. Dopraw solą i pieprzem do smaku.
e) Gotuj sos przez około 15-20 minut, aż smaki się połączą.
f) Podawaj pikantny sos pomidorowo-paprykowy z ugotowanym makaronem lub użyj według uznania.

8. Sos pomidorowy po syczuańsku

SKŁADNIKI:
- 2 łyżki oleju sezamowego
- 3 ząbki czosnku, posiekane
- 1 łyżka świeżego imbiru, posiekanego
- 28 uncji (800 g) pomidorów z puszki, pokrojonych w kostkę
- 2 łyżki sosu sojowego
- 1 łyżka octu ryżowego
- 1 łyżka brązowego cukru
- 1 łyżeczka zmielonych ziaren pieprzu syczuańskiego
- 1-2 łyżki pasty chili (dostosuj do smaku)
- Sól dla smaku

INSTRUKCJE:
a) Na dużej patelni lub woku rozgrzej olej sezamowy na średnim ogniu. Dodaj posiekany czosnek i imbir. Smaż przez 1-2 minuty, aż zacznie pachnieć.
b) Na patelnię dodaj pokrojone w kostkę pomidory z puszki, sos sojowy, ocet ryżowy, brązowy cukier, zmiażdżone ziarna pieprzu syczuańskiego i pastę chili. Mieszaj do połączenia.
c) Sos zagotować i gotować około 15-20 minut, od czasu do czasu mieszając, aż zgęstnieje.
d) Spróbować i w razie potrzeby doprawić solą.
e) Podawaj sos pomidorowy po syczuańsku z ulubionymi daniami smażonymi lub z ryżem.

9. Ognisty sos z pieczonych pomidorów

SKŁADNIKI:
- 450 g dojrzałych pomidorów przekrojonych na połówki
- 1 cebula, pokrojona w ćwiartki
- 4 ząbki czosnku, obrane
- 2 papryczki chipotle w sosie adobo
- 1 łyżeczka wędzonej papryki
- 1 łyżeczka mielonego kminku
- Sól i pieprz do smaku

INSTRUKCJE:
a) Rozgrzej piekarnik do 400°F (200°C). Na blasze do pieczenia ułóż przekrojone na połówki pomidory, ćwiartki cebuli i ząbki czosnku.
b) Piec w piekarniku około 25-30 minut, aż warzywa się skarmelizują i zmiękną.
c) Usmażone warzywa przełóż do blendera lub robota kuchennego. Dodać papryczki chipotle, wędzoną paprykę i mielony kminek.
d) Zmiksuj na gładką masę, w razie potrzeby dodając trochę wody, aby uzyskać pożądaną konsystencję.
e) Ognisty sos z pieczonych pomidorów dopraw solą i pieprzem do smaku.
f) Podawaj sos do grillowanych mięs, makaronów lub używaj jako sos do przystawek.

10. Sos pomidorowy Habanero e

SKŁADNIKI:
- 2 łyżki oleju roślinnego
- 2 papryczki habanero, drobno posiekane (usunąć nasiona, aby zmniejszyć ogień)
- 4 ząbki czosnku, posiekane
- 28 uncji (800 g) pomidorów z puszki, pokrojonych w kostkę
- 1 łyżeczka mielonego kminku
- 1 łyżeczka papryki
- Sól i pieprz do smaku
- Świeża kolendra, posiekana (opcjonalnie)

INSTRUKCJE:
a) Na patelni rozgrzej olej roślinny na średnim ogniu. Dodać posiekaną papryczkę habanero i przeciśnięty przez praskę czosnek. Smaż przez 1-2 minuty, aż zacznie pachnieć.
b) Na patelnię dodaj pokrojone w kostkę pomidory z puszki. Wymieszaj zmielony kminek i paprykę. Dopraw solą i pieprzem do smaku.
c) Gotuj sos przez około 10-15 minut, aby smaki się połączyły.
d) Podawaj sos pomidorowy habanero do ulubionych dań, takich jak tacos, grillowany kurczak lub ryż. W razie potrzeby udekoruj posiekaną świeżą kolendrą.

11. Tajski pikantny sos pomidorowy

SKŁADNIKI:
- 2 łyżki oleju roślinnego
- 2 ząbki czosnku, posiekane
- 1 łyżka czerwonej pasty curry
- 1 puszka (14 uncji) mleka kokosowego
- 1 szklanka pomidorów z puszki pokrojonych w kostkę
- 1 łyżka sosu rybnego
- 1 łyżka soku z limonki
- 1 łyżeczka brązowego cukru
- Sól dla smaku
- Świeże liście kolendry, posiekane (opcjonalnie)

INSTRUKCJE:
a) W rondlu podgrzej olej roślinny na średnim ogniu. Dodać przeciśnięty przez praskę czosnek i czerwoną pastę curry. Smaż przez 1-2 minuty, aż zacznie pachnieć.
b) Wlać mleko kokosowe i wymieszać z pokrojonymi w kostkę pomidorami z puszki.
c) Do rondla dodaj sos rybny, sok z limonki i brązowy cukier. Dopraw solą do smaku.
d) Sos gotować około 10-15 minut, aż lekko zgęstnieje.
e) Podawaj tajski pikantny sos pomidorowy z ryżem, makaronem lub ulubionymi potrawami tajskimi. W razie potrzeby udekoruj posiekanymi świeżymi liśćmi kolendry.

12. Sos pomidorowy Cajun

SKŁADNIKI:

- 2 łyżki masła
- 1 cebula, pokrojona w kostkę
- 1 papryka, pokrojona w kostkę
- 2 łodygi selera, pokrojone w kostkę
- 3 ząbki czosnku, posiekane
- 1 puszka (14 uncji) pokruszonych pomidorów
- 1 łyżeczka przyprawy Cajun
- 1/2 łyżeczki suszonego tymianku
- 1/2 łyżeczki suszonego oregano
- Sól i pieprz do smaku
- Świeża natka pietruszki, posiekana (opcjonalnie)

INSTRUKCJE:

a) Na patelni rozpuść masło na średnim ogniu. Dodajemy pokrojoną w kostkę cebulę, paprykę i seler. Smaż, aż zmięknie, około 5-7 minut.

b) Dodaj posiekany czosnek na patelnię i smaż przez kolejne 1-2 minuty.

c) Wymieszaj zmiażdżone pomidory, przyprawę Cajun, suszony tymianek i suszone oregano.

d) Dopraw solą i pieprzem do smaku. Gotuj sos przez około 10-15 minut, od czasu do czasu mieszając.

e) Podawaj sos pomidorowy Cajun z ugotowanym makaronem, ryżem lub użyj jako sosu do maczania. W razie potrzeby udekoruj posiekaną świeżą pietruszką.

SOS POMIDOROWY BBQ

13. Sos barbecue z masłem jabłkowym

SKŁADNIKI:
- 1 puszka sosu pomidorowego
- ½ szklanki masła jabłkowego
- 1 łyżka sosu Worcestershire

INSTRUKCJE:
a) Wymieszaj wszystko.

14. Sos barbecue do wędlin

SKŁADNIKI:
- 1 każda puszka zupy pomidorowej o pojemności 10 uncji
- ¼ szklanki słodkiego przysmaku z marynat
- 1 łyżka sosu Worcestershire
- ¼ szklanki cebuli, drobno pokrojonej
- 1 łyżka octu
- 1 łyżka brązowego cukru

INSTRUKCJE:
a) Wymieszaj wszystkie składniki, zalej 1 funtem wędlin i gotuj na wolnym ogniu w czajniku.
b) Zamiast wędlin możesz użyć 1 funta hot dogów pokrojonych na kawałki.

15. Pikantny Sos Pomidorowy BBQ

SKŁADNIKI:
- 1 szklanka ketchupu
- 1/4 szklanki octu jabłkowego
- 1/4 szklanki miodu
- 2 łyżki melasy
- 1 łyżka musztardy Dijon
- 1 łyżka ostrego sosu (dostosuj do smaku)
- 1 łyżeczka wędzonej papryki
- 1/2 łyżeczki czosnku w proszku
- Sól i pieprz do smaku

INSTRUKCJE:
a) W rondlu połącz wszystkie składniki na średnim ogniu.
b) Dobrze wymieszaj, aby połączyć i doprowadzić do wrzenia.
c) Zmniejsz ogień do małego i gotuj sos przez 10-15 minut, od czasu do czasu mieszając, aż lekko zgęstnieje.
d) Doprawić do smaku solą i pieprzem.
e) Zdjąć z ognia i ostudzić przed użyciem. Wszelkie pozostałości przechowuj w hermetycznym pojemniku w lodówce.

16. Pikantny brzoskwiniowy sos pomidorowy BBQ

SKŁADNIKI:

- 1 szklanka ketchupu
- 1/2 szklanki konfitur brzoskwiniowych
- 1/4 szklanki octu jabłkowego
- 2 łyżki sosu Worcestershire
- 1 łyżka musztardy Dijon
- 1 łyżeczka wędzonej papryki
- 1/2 łyżeczki czosnku w proszku
- Sól i pieprz do smaku

INSTRUKCJE:

a) W rondlu połącz wszystkie składniki na średnim ogniu.
b) Dobrze wymieszaj, aby połączyć i doprowadzić do wrzenia.
c) Zmniejsz ogień do małego i gotuj sos przez 10-15 minut, od czasu do czasu mieszając, aż lekko zgęstnieje.
d) Doprawić do smaku solą i pieprzem.
e) Zdjąć z ognia i ostudzić przed użyciem. Wszelkie pozostałości przechowuj w hermetycznym pojemniku w lodówce.

17. Sos pomidorowy Maple Bourbon BBQ e

SKŁADNIKI:
- 1 szklanka ketchupu
- 1/4 szklanki syropu klonowego
- 1/4 szklanki bourbona
- 2 łyżki octu jabłkowego
- 1 łyżka sosu Worcestershire
- 1 łyżka musztardy Dijon
- 1 łyżeczka wędzonej papryki
- 1/2 łyżeczki czosnku w proszku
- Sól i pieprz do smaku

INSTRUKCJE:
a) W rondlu połącz wszystkie składniki na średnim ogniu.
b) Dobrze wymieszaj, aby połączyć i doprowadzić do wrzenia.
c) Zmniejsz ogień do małego i gotuj sos przez 10-15 minut, od czasu do czasu mieszając, aż lekko zgęstnieje.
d) Doprawić do smaku solą i pieprzem.
e) Zdjąć z ognia i ostudzić przed użyciem. Wszelkie pozostałości przechowuj w hermetycznym pojemniku w lodówce.

18. Miodowy Sos Pomidorowy Chipotle BBQ

SKŁADNIKI:
- 1 szklanka ketchupu
- 1/4 szklanki miodu
- 2 papryczki chipotle w sosie adobo, posiekane
- 2 łyżki octu jabłkowego
- 1 łyżka sosu Worcestershire
- 1 łyżka musztardy Dijon
- 1 łyżeczka wędzonej papryki
- 1/2 łyżeczki czosnku w proszku
- Sól i pieprz do smaku

INSTRUKCJE:
a) W rondlu połącz wszystkie składniki na średnim ogniu.
b) Dobrze wymieszaj, aby połączyć i doprowadzić do wrzenia.
c) Zmniejsz ogień do małego i gotuj sos przez 10-15 minut, od czasu do czasu mieszając, aż lekko zgęstnieje.
d) Doprawić do smaku solą i pieprzem.
e) Zdjąć z ognia i ostudzić przed użyciem. Wszelkie pozostałości przechowuj w hermetycznym pojemniku w lodówce.

19. Kawowy Sos Pomidorowy BBQ

SKŁADNIKI:
- 1 szklanka ketchupu
- 1/4 filiżanki parzonej kawy
- 2 łyżki octu jabłkowego
- 2 łyżki brązowego cukru
- 1 łyżka sosu Worcestershire
- 1 łyżka musztardy Dijon
- 1 łyżeczka wędzonej papryki
- 1/2 łyżeczki czosnku w proszku
- Sól i pieprz do smaku

INSTRUKCJE:
a) W rondlu połącz wszystkie składniki na średnim ogniu.
b) Dobrze wymieszaj, aby połączyć i doprowadzić do wrzenia.
c) Zmniejsz ogień do małego i gotuj sos przez 10-15 minut, od czasu do czasu mieszając, aż lekko zgęstnieje.
d) Doprawić do smaku solą i pieprzem.
e) Zdjąć z ognia i ostudzić przed użyciem. Wszelkie pozostałości przechowuj w hermetycznym pojemniku w lodówce.

20. Ananasowy sos pomidorowy Jalapeno BBQ

SKŁADNIKI:
- 1 szklanka ketchupu
- 1/4 szklanki soku ananasowego
- 1 papryczka jalapeno, pozbawiona nasion i posiekana
- 2 łyżki octu jabłkowego
- 2 łyżki brązowego cukru
- 1 łyżka sosu Worcestershire
- 1 łyżka musztardy Dijon
- 1 łyżeczka wędzonej papryki
- 1/2 łyżeczki czosnku w proszku
- Sól i pieprz do smaku

INSTRUKCJE:
a) W rondlu połącz wszystkie składniki na średnim ogniu.
b) Dobrze wymieszaj, aby połączyć i doprowadzić do wrzenia.
c) Zmniejsz ogień do małego i gotuj sos przez 10-15 minut, od czasu do czasu mieszając, aż lekko zgęstnieje.
d) Doprawić do smaku solą i pieprzem.
e) Zdjąć z ognia i ostudzić przed użyciem. Wszelkie pozostałości przechowuj w hermetycznym pojemniku w lodówce.

21. Koreański sos pomidorowy BBQ

SKŁADNIKI:
- 1 szklanka ketchupu
- 1/4 szklanki sosu sojowego
- 2 łyżki octu ryżowego
- 2 łyżki brązowego cukru
- 1 łyżka oleju sezamowego
- 1 łyżka mielonego imbiru
- 2 ząbki czosnku, posiekane
- 1 łyżeczka gochujang (koreańska pasta chili)
- Sól i pieprz do smaku

INSTRUKCJE:
a) W rondlu połącz wszystkie składniki na średnim ogniu.
b) Dobrze wymieszaj, aby połączyć i doprowadzić do wrzenia.
c) Zmniejsz ogień do małego i gotuj sos przez 10-15 minut, od czasu do czasu mieszając, aż lekko zgęstnieje.
d) Doprawić do smaku solą i pieprzem.
e) Zdjąć z ognia i ostudzić przed użyciem. Wszelkie pozostałości przechowuj w hermetycznym pojemniku w lodówce.

SALSA POMIDOROWA

22. Grillowana salsa chili

SKŁADNIKI:

- 3 duże pomidory, pokrojone w kostkę
- 1 Cebula, obrana i pokrojona w kostkę
- ⅓ szklanki świeżej kolendry, pokrojonej w kostkę
- 3 łyżki świeżego soku z limonki
- 2 papryczki Poblano, grillowane i pokrojone w kostkę
- 1 łyżeczka mielonego czosnku

INSTRUKCJE:

Grillowanie papryczek Poblano nadaje im przyjemny wędzony smak.
Wszystkie składniki wymieszać w naczyniu i doprawić do smaku solą i pieprzem.
Przechowywać w lodówce przez 1 godzinę, aby wymieszać smaki.
Podawać z ulubionym daniem Tex-Mex.

23.Salsa Arbol-Awokado

SKŁADNIKI:
- ½ funta włoskich pomidorów Roma
- ¾ funta łuskanych pomidorów
- ⅓ szklanki (12 do 15) chili Arbol
- ½ pęczka kolendry
- 1 umiarkowana biała cebula, pokrojona w kostkę
- 2 łyżki mielonego kminku
- 4 ząbki czosnku, zmiażdżone
- 2 szklanki wody
- 1 łyżeczka soli
- ½ łyżeczki Świeżo zmielony czarny pieprz
- 1 Awokado

INSTRUKCJE:
a) Rozgrzej grill Blackstone. Połóż pomidory i pomidory na blasze do pieczenia. Grilluj, obracając od czasu do czasu, aż całe się przysmażą, 10 do 12 minut
b) Przełożyć do rondelka razem z pozostałymi składnikami .
c) Doprowadź mieszaninę do wrzenia i gotuj, aż cebula będzie miękka, 12 do 15 minut. Przenieś do robota kuchennego lub miksera. Zmiksuj, a następnie odcedź
d) Podawać w temperaturze pokojowej lub lekko schłodzoną. Salsę Arbol można przechowywać w lodówce od 3 do 5 dni lub zamrozić przez kilka tygodni.
e) Tuż przed porcją wmieszaj awokado

24. Salsa Picante z Clear Creek

SKŁADNIKI:
- 1 łyżka oliwy z oliwek
- 1 mała cebula, posiekana
- Po 5 ząbków czosnku, posiekanych
- Po 3 pomidory, obrane
- 1 sztuka świeżej papryczki chili ancho
- 1 sztuka żółtej papryki
- 4 uncje puszki pokrojonego w kostkę zielonego chili
- 1 łyżeczka soli
- ¼ łyżeczki mielonego kminku
- 1 łyżka czosnku w proszku
- 3 łyżki octu balsamicznego
- 3 łyżki soku z limonki
- 1 łyżka suszonej kolendry
- 1 łyżka oliwy z oliwek
- 1 mała cebula, posiekana
- 5 ząbków czosnku, posiekanych
- 3 sztuki pomidorów, obranych, pozbawionych nasion i pokrojonych w grubą kostkę
- 1 sztuka świeżej papryczki chili ancho, pozbawionej nasion i posiekanej
- 1 szt. żółta papryka, pozbawiona nasion i posiekana
- Puszka 4 uncji pokrojonych w kostkę zielonych chili
- 1 łyżeczka soli
- ¼ mielonego kminku
- 1 łyżka czosnku w proszku
- 3 łyżki octu balsamicznego
- 3 łyżki soku z limonki
- 1 łyżka suszonej kolendry

INSTRUKCJE:

a) Cebulę i czosnek podsmaż na oliwie z oliwek na umiarkowanym ogniu, aż będą miękkie

b) Dodaj pozostałe składniki oprócz kolendry, wymieszaj, a następnie sprawdź, czy nie ma soli. Dodaj więcej, jeśli to konieczne. Zmniejsz ogień do małego, przykryj pokrywką i gotuj na wolnym ogniu przez 30 minut.

c) Wyjmij Przykryj pokrywką i gotuj na wolnym ogniu przez dodatkowe 30 minut lub dłużej, aż zgęstnieje.

d) Zdejmij z ognia, dodaj kolendrę i zamieszaj. Salsę schłodź przez noc przed użyciem. Podawaj jako dip do chipsów lub jako pikantny dodatek do ulubionej potrawy meksykańskiej lub teksańsko-meksykańskiej

25. włoska salsa

SKŁADNIKI:

- migdały
- 1 duża czerwona papryka
- 12 dużych liści bazylii
- 1 duży ząbek czosnku
- 1 chili Jalapeno, przekrojone na pół i pozbawione nasion
- 4 Suszone pomidory w oleju
- ¼ dużej czerwonej cebuli
- ¼ szklanki oliwy z oliwek
- 1 łyżka octu balsamicznego*LUB
- 2 łyżki octu winnego i szczypta cukru
- 1 łyżka octu z czerwonego wina
- ½ łyżeczki soli
- 2 duże pomidory
- 10 oliwek Kalamata
- Świeże liście bazylii

INSTRUKCJE:

a) Rozgrzej grill Blackstone. Pokrój paprykę wzdłuż na 4 części, usuń rdzeń i nasiona.
b) Ułożyć w jednej warstwie na blasze wyłożonej folią, skórą do góry.
c) Grilluj 6 cali od źródła ciepła, aż skóra stanie się czarna.
d) Wyjmij z grilla i szczelnie zawiń w folię.
e) Odczekaj co najmniej 10 minut. Usuń skórkę, paprykę pokrój w centymetrową kostkę.
f) Nóż stalowy: Umieść 12 liści bazylii w suchym naczyniu roboczym. Przy włączonym urządzeniu wrzuć czosnek i chili przez rurkę podającą i zmiel aż do rozdrobnienia.
g) Dodaj suszone pomidory i cebulę i grubo posiekaj, kilka razy włączając/wyłączając. Dodaj oliwę z oliwek, ocet i sól i miksuj aż do wymieszania, około 5 sekund.
h) Przenieś zawartość naczynia roboczego do dużego naczynia miksującego. Dodaj paprykę, pomidory i oliwki i delikatnie wymieszaj.

26.Salsa pomidorowa Jalapeno

SKŁADNIKI:
- 3 Pomidor
- 1 zielona papryka
- 3 łyżki papryczki Jalapeno
- ¼ szklanki cebuli
- ¼ Cytryna

INSTRUKCJE:
a) Wymieszaj pokrojone w kostkę składniki w naczyniu. Dodać sok i miąższ z cytryny i dokładnie wymieszać.
b) Przechowywać w lodówce przed porcją.
c) Podawać z chrupiącymi chipsami tortilla, kawałkami selera lub innymi surowymi warzywami, jako sos do tacos lub gdy masz ochotę na pikantną salsę.

27. Salsa ananasowo-mango

SKŁADNIKI:
- 1 szklanka pokrojonych w kostkę pomidorów
- 1/2 szklanki pokrojonego w kostkę ananasa
- 1/2 szklanki pokrojonego w kostkę mango
- 1/4 szklanki drobno posiekanej czerwonej cebuli
- 1/4 szklanki posiekanej świeżej kolendry
- Sok z 1 limonki
- Sól i pieprz do smaku

INSTRUKCJE:
a) W misce wymieszaj pokrojone w kostkę pomidory, ananasa, mango, czerwoną cebulę i kolendrę.
b) Salsę wyciśnij sokiem z limonki i wymieszaj.
c) Dopraw solą i pieprzem do smaku.
d) Salsę odstawiamy na około 10-15 minut, aby smaki się połączyły.
e) Podawać z chipsami tortilla lub jako dodatek do grillowanego kurczaka lub ryby.

28. Salsa z kukurydzy i czarnej fasoli

SKŁADNIKI:
- 1 szklanka pokrojonych w kostkę pomidorów
- 1 szklanka czarnej fasoli z puszki, opłukanej i odsączonej
- 1 szklanka ugotowanych ziaren kukurydzy (świeżych lub mrożonych)
- 1/4 szklanki pokrojonej w kostkę czerwonej cebuli
- 1/4 szklanki posiekanej świeżej kolendry
- Sok z 1 limonki
- 1/2 łyżeczki mielonego kminku
- Sól i pieprz do smaku

INSTRUKCJE:
a) W misce wymieszaj pokrojone w kostkę pomidory, czarną fasolę, kukurydzę, czerwoną cebulę i kolendrę.
b) Salsę wyciśnij sokiem z limonki i posyp mielonym kminkiem.
c) Dopraw solą i pieprzem do smaku.
d) Dobrze wymieszaj, aby połączyć.
e) Przed podaniem salsę odstawiamy na około 10-15 minut, aby smaki się połączyły.
f) Podawaj z chipsami tortilla lub jako dodatek do tacos lub quesadillas.

29. Salsa Pico de Gallo

SKŁADNIKI:

- 2 szklanki pokrojonych w kostkę pomidorów
- 1/2 szklanki pokrojonej w kostkę czerwonej cebuli
- 1/4 szklanki posiekanej świeżej kolendry
- 2 łyżki pokrojonego w kostkę jalapeno (usunąć nasiona, aby zmniejszyć ogień)
- Sok z 1 limonki
- Sól dla smaku

INSTRUKCJE:

a) W misce wymieszaj pokrojone w kostkę pomidory, czerwoną cebulę, kolendrę i jalapeno.
b) Salsę wyciśnij sokiem z limonki.
c) Doprawiamy solą do smaku i dobrze mieszamy do połączenia.
d) Przed podaniem salsę odstawiamy na około 10-15 minut, aby smaki się połączyły.
e) Podawać jako dodatek do tacos, grillowanych mięs lub jako dodatek do frytek.

30. Arbuzowa salsa pomidorowa

SKŁADNIKI:
- 1 szklanka pokrojonych w kostkę pomidorów
- 1 szklanka pokrojonego w kostkę arbuza bez pestek
- 1/4 szklanki pokrojonej w kostkę czerwonej cebuli
- 1/4 szklanki posiekanych świeżych liści mięty
- Sok z 1 limonki
- Sól i pieprz do smaku

INSTRUKCJE:
a) W misce wymieszaj pokrojone w kostkę pomidory, arbuza, czerwoną cebulę i liście mięty.
b) Salsę wyciśnij sokiem z limonki.
c) Dopraw solą i pieprzem do smaku.
d) Delikatnie wymieszaj do połączenia wszystkich składników.
e) Przed podaniem salsę odstawiamy na około 10-15 minut, aby smaki się połączyły.
f) Podawać schłodzone jako orzeźwiający dodatek do dania głównego lub jako dodatek do grillowanych ryb lub krewetek.

31. Salsa kukurydziana z pomidorami i awokado

SKŁADNIKI:

- 1 szklanka pokrojonych w kostkę pomidorów
- 1 szklanka ugotowanych ziaren kukurydzy (świeżych lub mrożonych)
- 1 dojrzałe awokado, pokrojone w kostkę
- 1/4 szklanki drobno posiekanej czerwonej cebuli
- 1/4 szklanki posiekanej świeżej kolendry
- Sok z 1 limonki
- Sól i pieprz do smaku

INSTRUKCJE:

a) W misce wymieszaj pokrojone w kostkę pomidory, ziarna kukurydzy, pokrojone w kostkę awokado, czerwoną cebulę i kolendrę.
b) Salsę wyciśnij sokiem z limonki.
c) Dopraw solą i pieprzem do smaku.
d) Delikatnie wymieszaj do połączenia wszystkich składników.
e) Przed podaniem salsę odstawiamy na około 10-15 minut, aby smaki się połączyły.
f) Podawać z chipsami tortilla lub jako dodatek do tacos lub grillowanego kurczaka.

32. Salsa Mango Habanero

SKŁADNIKI:

- 1 szklanka pokrojonych w kostkę pomidorów
- 1 szklanka pokrojonego w kostkę mango
- 1 papryczka habanero, pozbawiona nasion i posiekana
- 1/4 szklanki pokrojonej w kostkę czerwonej cebuli
- 1/4 szklanki posiekanej świeżej kolendry
- Sok z 1 limonki
- Sól dla smaku

INSTRUKCJE:

a) W misce wymieszaj pokrojone w kostkę pomidory, pokrojone w kostkę mango, posiekaną paprykę habanero, czerwoną cebulę i kolendrę.
b) Salsę wyciśnij sokiem z limonki.
c) Dopraw solą do smaku.
d) Dobrze wymieszaj, aby połączyć wszystkie składniki.
e) Przed podaniem salsę odstawiamy na około 10-15 minut, aby smaki się połączyły.
f) Podawać do grillowanych ryb, krewetek lub jako dodatek do tacos.

33. Salsa Pomidorowa Verde

SKŁADNIKI:
- 450 g pomidorów, pozbawionych łusek i opłukanych
- 1 papryczka jalapeno, przekrojona na pół i pozbawiona nasion
- 1/2 szklanki posiekanej cebuli
- 2 ząbki czosnku
- 1/4 szklanki posiekanej świeżej kolendry
- Sok z 1 limonki
- Sól dla smaku

INSTRUKCJE:
a) Rozgrzej brojler w piekarniku.
b) Połóż pomidory i połówki papryczki jalapeno na blasze do pieczenia.
c) Smaż przez 5-7 minut, obracając w połowie czasu, aż się zwęgli i zmięknie.
d) Przełóż pieczone pomidory i papryczkę jalapeno do blendera lub robota kuchennego.
e) Do blendera dodaj posiekaną cebulę, czosnek, kolendrę i sok z limonki.
f) Mieszaj, aż będzie gładka.
g) Doprawiamy solą do smaku i w razie potrzeby regulujemy konsystencję dodając odrobinę wody.
h) Podawaj salsę pomidorową verde z frytkami, tacos lub grillowanymi mięsami.

34. Salsa z pieczonej czerwonej papryki

SKŁADNIKI:
- 1 szklanka pokrojonych w kostkę pomidorów
- 1 szklanka pokrojonej w kostkę pieczonej czerwonej papryki
- 1/4 szklanki drobno posiekanej czerwonej cebuli
- 2 łyżki posiekanej świeżej pietruszki
- Sok z 1 cytryny
- Sól i pieprz do smaku

INSTRUKCJE:
a) W misce wymieszaj pokrojone w kostkę pomidory, pokrojoną w kostkę pieczoną czerwoną paprykę, czerwoną cebulę i pietruszkę.
b) Salsę wyciśnij sokiem z cytryny.
c) Dopraw solą i pieprzem do smaku.
d) Dobrze wymieszaj, aby połączyć wszystkie składniki.
e) Przed podaniem salsę odstawiamy na około 10-15 minut, aby smaki się połączyły.
f) Podawać jako dodatek do grillowanych kurczaków, ryb lub jako dip do chipsów tortilla.

CHUTNEY POMIDOROWE

35. Owocowy grill chutney

SKŁADNIKI:
- 16 małych szalotek
- 1¼ szklanki wytrawnego białego wina
- 4 umiarkowane morele
- 2 duże brzoskwinie
- 2 Całe pomidory śliwkowe
- 12 Całe śliwki
- 2 umiarkowane ząbki czosnku
- 2 łyżki sosu sojowego o niskiej zawartości sodu
- ½ szklanki ciemnego brązowego cukru
- ¼ łyżeczki płatków czerwonej papryki

INSTRUKCJE:
a) W małym rondlu wymieszaj szalotkę i wino, zagotuj na dużym ogniu.
b) Zmniejsz ogień do umiarkowanego i gotuj na wolnym ogniu, przykryj pokrywką , aż szalotka będzie miękka, 15 do 20 minut
c) Wymieszaj pozostałe składniki w dużym rondlu, dodaj szalotkę i wino i zagotuj na dużym ogniu. Zmniejsz ogień do umiarkowanego ; gotuj, aż owoce się rozpadną, ale nadal będą dość grube, 10 do 15 minut. Ostudź.
d) Przenosić część sosu przełóż do robota kuchennego i przecier. Użyj tego jako solanki.

36. Chutney z Bakłażana I Pomidorów

SKŁADNIKI:

- 1,5 kg dojrzałych jaj lub pomidorów dojrzewających na winorośli
- 1 ½ łyżeczki nasion kopru włoskiego
- 1 ½ łyżeczki nasion kminku
- 1 ½ łyżeczki brązowych nasion gorczycy
- ¼ szklanki oliwy z oliwek z pierwszego tłoczenia
- 2 czerwone cebule, drobno posiekane
- 2 ząbki czosnku, drobno posiekane
- 2 czerwone chilli typu „ptasie oko", pozbawione nasion i drobno posiekane
- 2 łyżeczki liści tymianku
- 450 g bakłażana pokrojonego na 1 cm kawałki
- 3 jabłka Granny Smith, obrane, wydrążone i pokrojone na 1 cm kawałki
- 1 szklanka czerwonego octu winnego
- 1 szklanka mocno upakowanego brązowego cukru

INSTRUKCJE:

a) Wykonaj małe nacięcie w kształcie krzyża u podstawy każdego pomidora, następnie blanszuj je w trzech oddzielnych partiach w garnku z wrzącą wodą przez około 30 sekund lub do momentu, aż skórka zacznie się rozluźniać. Następnie szybko ostudź je w zlewie wypełnionym zimną wodą, a następnie obierz pomidory.

b) Obrane pomidory przekrój poziomo na pół, wyjmij nasiona i sok do miski; odłóż je na bok. Miąższ pomidorów drobno posiekaj i również odłóż na bok.

c) W dużym rondlu o grubym dnie mieszaj nasiona kopru włoskiego, nasiona kminku i brązowe nasiona gorczycy na średnim ogniu przez około 1 minutę lub do momentu, aż zaczną wydzielać zapach. Następnie przełóż przyprawy do miski.

d) Ponownie postaw rondelek na średnim ogniu, dodając oliwę z oliwek. Teraz dodaj drobno posiekaną cebulę, czosnek, chilli, tymianek i 3 łyżeczki soli. Mieszaj od czasu do czasu i gotuj przez około 5 minut.

e) Dodaj bakłażana do mieszanki i kontynuuj gotowanie, od czasu do czasu mieszając, przez około 8 minut lub do momentu, aż warzywa staną się miękkie. Dodaj posiekany miąższ pomidorowy, wcześniej podprażone przyprawy, jabłka, czerwony ocet winny i brązowy cukier.

f) Odcedź zarezerwowany sok pomidorowy do rondla, usuwając nasiona. Doprowadź mieszaninę do wrzenia, a następnie gotuj przez około 45 minut lub do momentu, aż większość płynu odparuje.

g) Gorący chutney przełóż do wysterylizowanych słoików, gdy są jeszcze ciepłe, i natychmiast je zamknij.

37. Chutney Pomidorowy Z Chile

SKŁADNIKI:

- 1 łyżeczka nasion kminku
- 1 łyżeczka nasion czarnej gorczycy
- 1 łyżeczka nasion kolendry
- 1 łyżeczka nasion kopru włoskiego
- 4 suszone chilli
- ½ łyżeczki płatków czerwonej papryki
- 2 szklanki białego octu
- ½ szklanki) cukru
- 8 szklanek obranych, posiekanych i odsączonych pomidorów rzymskich lub innych past
- 12 ząbków czosnku, posiekanych
- 1 łyżeczka soli marynowanej

INSTRUKCJE:

a) Na gorącej, suchej patelni połącz nasiona kminku, nasiona gorczycy, nasiona kolendry, nasiona kopru włoskiego i chili. Podsmaż przyprawy, ciągle mieszając, aż zaczną wydzielać aromat. Przyprawy przełożyć do małej miski. Dodaj płatki czerwonej papryki. Odłożyć na bok.

b) W dużym garnku ustawionym na średnim ogniu wymieszaj biały ocet i cukier. Doprowadzić do wrzenia, mieszając, aby rozpuścić cukier.

c) Dodaj pomidory, zarezerwowane przyprawy i czosnek. Doprowadzić do wrzenia. Zmniejsz ogień do średniego. Gotuj na wolnym ogniu przez około 1,5 godziny lub do momentu, aż zgęstnieje. Na początku mieszaj od czasu do czasu, a w miarę gęstnienia coraz częściej. Gdy zgęstnieje, dodaj sól marynowaną i zdejmij z ognia.

d) Przygotuj kąpiel z gorącą wodą. Umieść w nim słoiki, aby pozostały ciepłe. Umyj pokrywki i pierścienie w gorącej wodzie z mydłem i odłóż na bok.

e) Włóż chutney do przygotowanych słoików, pozostawiając ½ cala wolnej przestrzeni. Użyj niemetalowego naczynia, aby uwolnić pęcherzyki powietrza. Wytrzyj felgi do czysta i uszczelnij pokrywkami i pierścieniami.

f) Przetwarzaj słoiki w gorącej łaźni wodnej przez 15 minut. Wyłącz ogień i pozostaw słoiki w łaźni wodnej na 10 minut.
g) Ostrożnie wyjmij słoiki z pojemnika na gorącą wodę. Odstawić do ostygnięcia na 12 godzin.
h) Sprawdź, czy pokrywy są prawidłowo uszczelnione. Wyjmij pierścienie, wytrzyj słoiki, opisz je i opatrz datą, a następnie przenieś do szafki lub spiżarni.
i) Aby uzyskać najlepszy smak, przed podaniem należy pozostawić chutney do dojrzewania na 3 do 4 tygodni. Wszystkie słoiki, które nie są prawidłowo zamknięte, przechowuj w lodówce i zużyj w ciągu 6 tygodni. Prawidłowo zamknięte słoiki wytrzymują w szafce 12.

38. Chutney Z Kukurydzy I Pomidorów

SKŁADNIKI:
- 1 szklanka świeżych ziaren kukurydzy
- 2 pomidory, posiekane
- 1 cebula, posiekana
- 2 ząbki czosnku, posiekane
- 1-calowy kawałek imbiru, starty
- 2 zielone chilli
- 1 łyżka oleju roślinnego
- 1 łyżeczka nasion gorczycy
- 1/2 łyżeczki kurkumy w proszku
- Sól dla smaku
- Świeże liście kolendry do dekoracji

INSTRUKCJE:
a) Rozgrzej olej na patelni na średnim ogniu. Dodaj nasiona gorczycy i pozwól im bulgotać.
b) Dodać posiekaną cebulę, przeciśnięty przez praskę czosnek, starty imbir i zielone chilli. Smażyć, aż cebula będzie miękka i przezroczysta.
c) Dodaj świeże ziarna kukurydzy i pokrojone pomidory. Gotuj, aż pomidory będą miękkie, a kukurydza miękka.
d) Wymieszaj kurkumę w proszku i sól. Dobrze wymieszaj i gotuj przez kolejną minutę.
e) Zdejmij z ognia i poczekaj, aż chutney lekko ostygnie. Przed podaniem udekoruj świeżymi liśćmi kolendry.

39.Pikantny chutney z zielonych pomidorów

SKŁADNIKI:
- 2 szklanki zielonych pomidorów, pokrojonych w kostkę
- 1 cebula, drobno posiekana
- 2 zielone chilli, posiekane
- 2 ząbki czosnku, posiekane
- 1-calowy kawałek imbiru, starty
- 1/4 szklanki octu jabłkowego
- 2 łyżki brązowego cukru
- 1/2 łyżeczki nasion gorczycy
- 1/2 łyżeczki nasion kminku
- 1/4 łyżeczki kurkumy w proszku
- Sól dla smaku

INSTRUKCJE:
a) Rozgrzej olej na patelni na średnim ogniu. Dodaj nasiona gorczycy i kminek. Niech gadają.
b) Dodaj posiekaną cebulę, zielone chilli, posiekany czosnek i starty imbir. Smażyć, aż cebula stanie się przezroczysta.
c) Dodaj pokrojone w kostkę zielone pomidory i smaż, aż zmiękną.
d) Wymieszaj ocet jabłkowy, brązowy cukier, kurkumę w proszku i sól. Gotuj, aż mieszanina lekko zgęstnieje.
e) Przed przełożeniem chutneyu do wysterylizowanych słoików poczekaj, aż chutney całkowicie ostygnie. Przechowywać w lodówce.

40. Capsicum (Papryka) I Chutney Pomidorowy

SKŁADNIKI:
- 2 średniej wielkości pomidory, pokrojone w kostkę
- 2 średniej wielkości papryki (papryki), pokrojone w kostkę
- 1 cebula, drobno posiekana
- 2 zielone chilli, posiekane
- 1 łyżka pasty imbirowo-czosnkowej
- 1 łyżeczka nasion gorczycy
- 1 łyżeczka nasion kminku
- 1/2 łyżeczki kurkumy w proszku
- 1 łyżeczka czerwonego chili w proszku
- 1 łyżka octu
- Sól dla smaku
- 2 łyżki oleju

INSTRUKCJE:
a) Podgrzej olej na patelni. Dodaj nasiona gorczycy i kminek. Niech gadają.
b) Dodaj posiekaną cebulę i zielone chilli. Smażyć, aż cebula nabierze złocistego koloru.
c) Dodać pastę imbirowo-czosnkową i smażyć przez minutę.
d) Dodać pokrojone w kostkę pomidory i paprykę. Gotuj, aż zmiękną.
e) Wymieszaj kurkumę w proszku, czerwone chili w proszku, ocet i sól. Gotuj jeszcze kilka minut, aż chutney zgęstnieje.
f) Przed umieszczeniem chutney w sterylizowanych słoikach poczekaj, aż chutney całkowicie ostygnie. Przechowywać w lodówce i zużyć w ciągu kilku tygodni.

41. Kiełki Kozieradki I Chutney Pomidorowy

SKŁADNIKI:
- 2 szklanki kiełków kozieradki
- 4 pomidory, posiekane
- 1 cebula, posiekana
- 2 zielone chilli, posiekane
- Ząbki czosnku, posiekane
- Nasiona gorczycy
- Nasiona kminku
- Liście curry
- Sól dla smaku
- Olej do gotowania

INSTRUKCJE:
a) Na patelni rozgrzej olej, dodaj nasiona gorczycy, kminek i liście curry. Pozwól im bełkotać.
b) Dodaj posiekaną cebulę, zielone chilli i posiekany czosnek. Smażyć, aż cebula będzie przezroczysta.
c) Dodaj pokrojone pomidory i gotuj, aż staną się miękkie.
d) Wmieszać kiełki kozieradki i gotować kilka minut.
e) Dopraw solą i kontynuuj gotowanie, aż mieszanina zgęstnieje.
f) Podawać kiełki kozieradki i chutney pomidorowy z ryżem lub jako dodatek.

42. Chutney z bazylii i suszonych pomidorów

SKŁADNIKI:
- 2 szklanki świeżych liści bazylii
- 1/2 szklanki suszonych pomidorów (w oleju), odsączonych
- 1/4 szklanki orzeszków piniowych, prażonych
- 2 ząbki czosnku
- 1/4 szklanki startego parmezanu
- 1/4 szklanki oliwy z oliwek z pierwszego tłoczenia
- Sól i pieprz do smaku

INSTRUKCJE:
a) W robocie kuchennym wymieszaj świeże liście bazylii, suszone pomidory, prażone orzeszki piniowe, ząbki czosnku i starty parmezan.
b) Pulsuj, aż mieszanina utworzy gęstą pastę.
c) Przy włączonym robocie kuchennym powoli wlewaj oliwę z oliwek, aż mieszanina dobrze się połączy.
d) Dopraw solą i pieprzem do smaku.
e) Przełóż bazylię i chutney z suszonych pomidorów do słoika i przechowuj w lodówce do momentu użycia. Fantastycznie smakuje z makaronem, posmarowany bruschettą lub podawany z grillowanym kurczakiem lub rybą.

43. Słodko-kwaśny chutney z papai

SKŁADNIKI:
- 1 papaja (świeża, dojrzała lub w słoiku)
- 1 mała czerwona cebula, podzielona na bardzo cienkie segmenty
- 1 umiarkowany pomidor (do 2), pozbawiony nasion, pokrojony w małą kostkę
- ½ szklanki szalotki segmentowanej
- 1 mały ananas, pokrojony na kawałki
- 1 łyżka miodu
- Sól dla smaku
- Świeżo zmielony czarny pieprz; do smaku
- ½ świeżego jalapeno, pokrojonego w drobną kostkę

INSTRUKCJE:
a) Wszystko dobrze wymieszaj.

PESTO POMIDOROWE

44. Pesto z suszonych pomidorów bazyliowych

SKŁADNIKI:
- 1 1/2 szklanki świeżych liści bazylii
- 1/2 szklanki suszonych pomidorów w oleju, odsączonych
- 1/3 szklanki migdałów, prażonych
- 2 ząbki czosnku
- 1/2 szklanki oliwy z oliwek
- 1/2 szklanki startego parmezanu
- Sól dla smaku

INSTRUKCJE:
a) Zmiksuj bazylię, suszone pomidory, migdały i czosnek w robocie kuchennym, aż zostaną grubo posiekane.
b) Stopniowo wlewaj oliwę, aż masa będzie gładka.
c) Przełożyć do miski i wymieszać z parmezanem. Sól dla smaku.
d) Przechowywać w lodówce lub podawać natychmiast.

45. Sos z suszonego pesto

SKŁADNIKI:

- 1 szklanka suszonego pomidora
- 1/4 szklanki soku z limonki
- 1 szklanka migdałów
- sól
- 1 papryczka chili, posiekana
- 1 szklanka posiekanego pomidora

INSTRUKCJE:

a) Zanim cokolwiek zrobisz, rozgrzej piekarnik do 350 F.
b) Przygotuj miskę do miksowania: Umieść w niej suszonego pomidora. Zalać wrzącą wodą i odstawić na 16 minut, aby zmiękły.
c) Rozłóż migdały na blasze do pieczenia równą warstwą. Włóż do piekarnika i piecz przez 9 minut.
d) Wyłącz ogień i poczekaj chwilę, aż migdały ostygną.
e) Migdały grubo posiekać i odłożyć na bok.
f) Odcedź suszone pomidory.
g) Weź blender: wymieszaj w nim suszone pomidory z migdałami i pozostałymi składnikami. Zmiksuj je na gładko.
h) Dressing przelać do słoiczka i zakręcić. Włóż do lodówki do momentu podania.
i) Można je podawać z dressingiem do kanapki, grillowanego mięsa lub sałatki.

46. Serowe pesto z karczochów

SKŁADNIKI:
- 2 szklanki świeżych liści bazylii
- 2 łyżki pokruszonego sera feta
- 1/4 szklanki świeżo startego parmezanu 1/4 szklanki prażonych orzeszków piniowych
- 1 serce karczocha, grubo posiekane
- 2 łyżki posiekanych suszonych pomidorów z oliwy
- 1/2 szklanki oliwy z oliwek z pierwszego tłoczenia
- 1 szczypta soli i czarnego pieprzu do smaku

INSTRUKCJE:
a) W dużym robocie kuchennym dodaj wszystkie składniki z wyjątkiem oleju i przypraw, a następnie pulsuj, aż się połączą.
b) Gdy silnik pracuje powoli, dodaj olej i pulsuj, aż silnik będzie gładki.
c) Dopraw solą i czarnym pieprzem i podawaj.

47. Pesto z francuskiego sera koziego

SKŁADNIKI:

- 1 (8 uncji) opakowanie sera koziego, zmiękczonego
- 1 (8 uncji) słoik pesto lub w razie potrzeby
- 3 pomidory, posiekane

INSTRUKCJE:

a) Na dużym talerzu pokrój ser w warstwę o grubości 1/4 cala.
b) Połóż pesto równomiernie na serze, cienką warstwą, a następnie pomidory.
c) Ciesz się tym dipem z pokrojonym francuskim chlebem.

48. Pesto z fety i suszonych pomidorów

SKŁADNIKI:

- 2 szklanki świeżych liści bazylii
- 1/2 szklanki suszonych pomidorów (w oleju), odsączonych
- 1/2 szklanki pokruszonego sera feta
- 1/3 szklanki prażonych orzeszków piniowych
- 2 ząbki czosnku
- 1/3 szklanki oliwy z oliwek z pierwszego tłoczenia
- Sól i pieprz do smaku

INSTRUKCJE:

a) W robocie kuchennym wymieszaj bazylię, suszone pomidory, ser feta, orzeszki piniowe i czosnek. Pulsuj, aż zostaną drobno posiekane.
b) Podczas przetwarzania stopniowo dodawaj oliwę z oliwek, aż pesto będzie gładkie.
c) Dopraw solą i pieprzem do smaku.
d) To aromatyczne pesto doskonale smakuje z makaronem, smarowane kanapkami lub podawane jako dip do chleba.

49. Pesto z pieczonej czerwonej papryki i pomidorów

SKŁADNIKI:
- 1 szklanka pieczonej czerwonej papryki (ze słoika), odsączonej
- 1 szklanka suszonych pomidorów (w oleju), odsączonych
- 2 ząbki czosnku, posiekane
- 1/4 szklanki startego parmezanu
- 1/4 szklanki orzeszków piniowych, prażonych
- 1/4 szklanki oliwy z oliwek z pierwszego tłoczenia
- Sól i pieprz do smaku

INSTRUKCJE:
a) W robocie kuchennym wymieszaj pieczoną czerwoną paprykę, suszone pomidory, posiekany czosnek, parmezan i orzeszki piniowe.
b) Pulsuj, aż składniki zostaną drobno posiekane.
c) Przy włączonym robocie kuchennym stopniowo dodawaj oliwę z oliwek, aż pesto osiągnie pożądaną konsystencję.
d) Dopraw solą i pieprzem do smaku.
e) Podawaj pesto z pieczonej czerwonej papryki i pomidorów wymieszane z makaronem, smarowane na kanapkach lub jako dip do chleba.

50.Pikantne pesto z pomidorów i bazylii

SKŁADNIKI:

- 1 szklanka pomidorków koktajlowych, przekrojonych na połówki
- 1/4 szklanki suszonych pomidorów (w oleju), odsączonych
- 2 ząbki czosnku, posiekane
- 1/4 szklanki startego parmezanu
- 1/4 szklanki orzeszków piniowych, prażonych
- 1/4 szklanki świeżych liści bazylii
- 1/4 łyżeczki płatków czerwonej papryki (dostosuj do smaku)
- 1/4 szklanki oliwy z oliwek z pierwszego tłoczenia
- Sól dla smaku

INSTRUKCJE:

a) Na patelni rozgrzej odrobinę oliwy z oliwek na średnim ogniu. Dodaj pomidorki koktajlowe i gotuj, aż zmiękną i lekko skarmelizują, około 5-7 minut.
b) W robocie kuchennym wymieszaj ugotowane pomidorki koktajlowe, suszone pomidory, mielony czosnek, parmezan, orzeszki piniowe, liście bazylii i płatki czerwonej papryki.
c) Pulsuj, aż składniki zostaną drobno posiekane.
d) Przy włączonym robocie kuchennym stopniowo dodawaj oliwę z oliwek, aż pesto osiągnie pożądaną konsystencję.
e) Dopraw solą do smaku.
f) Podawaj pikantne pesto z pomidorów i bazylii wymieszane z makaronem, posmarowane bruschettą lub jako dodatek do grillowanego kurczaka lub ryby.

51. Pesto pomidorowo-orzechowe

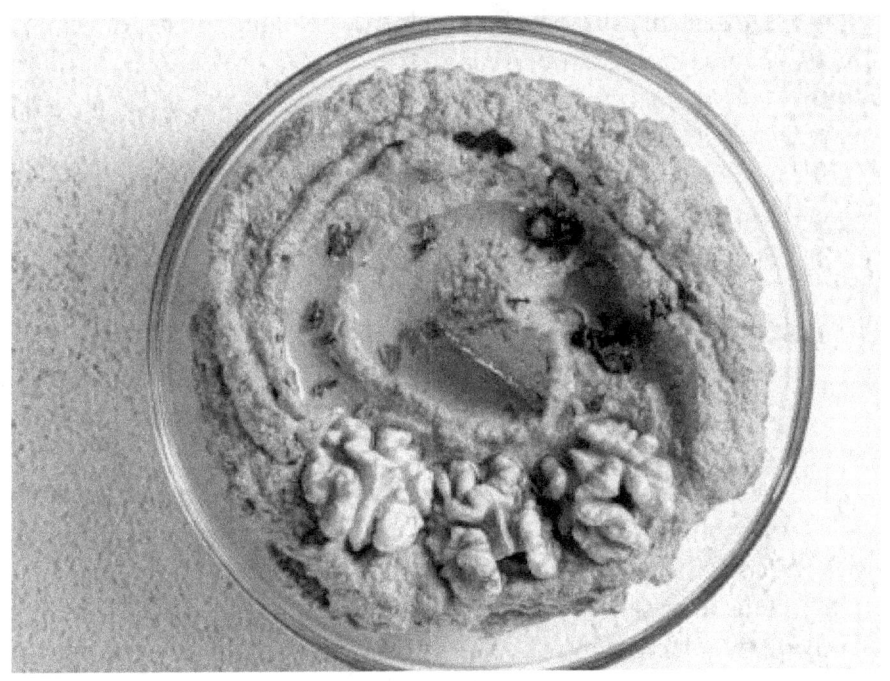

SKŁADNIKI:
- 1 szklanka pomidorków koktajlowych
- 1/4 szklanki suszonych pomidorów (w oleju), odsączonych
- 2 ząbki czosnku, posiekane
- 1/4 szklanki startego parmezanu
- 1/4 szklanki orzechów włoskich, prażonych
- 1/4 szklanki świeżych liści bazylii
- 1/4 szklanki oliwy z oliwek z pierwszego tłoczenia
- Sól i pieprz do smaku

INSTRUKCJE:
a) Rozgrzej piekarnik do 400°F (200°C). Pomidorki koktajlowe ułóż na blasze do pieczenia i piecz przez 15-20 minut lub do momentu, aż zaczną pękać i karmelizować.
b) W robocie kuchennym wymieszaj pieczone pomidorki koktajlowe, suszone pomidory, posiekany czosnek, parmezan, orzechy włoskie i liście bazylii.
c) Pulsuj, aż składniki zostaną drobno posiekane.
d) Przy włączonym robocie kuchennym stopniowo dodawaj oliwę z oliwek, aż pesto osiągnie pożądaną konsystencję.
e) Dopraw solą i pieprzem do smaku.
f) Podawaj pesto z pomidorów i orzechów wymieszane z makaronem, posmarowane crostini lub jako dodatek do grillowanych warzyw.

52. Pesto Pomidorowe Rosso

SKŁADNIKI:
- 1 szklanka suszonych pomidorów (w oleju), odsączonych
- 2 ząbki czosnku, posiekane
- 1/4 szklanki startego parmezanu
- 1/4 szklanki orzeszków piniowych, prażonych
- 1/4 szklanki świeżych liści bazylii
- 1/4 szklanki oliwy z oliwek z pierwszego tłoczenia
- Sól i pieprz do smaku

INSTRUKCJE:
a) W robocie kuchennym wymieszaj suszone pomidory, posiekany czosnek, parmezan, orzeszki piniowe i liście bazylii.
b) Pulsuj, aż składniki zostaną drobno posiekane.
c) Przy włączonym robocie kuchennym stopniowo dodawaj oliwę z oliwek, aż pesto osiągnie pożądaną konsystencję.
d) Dopraw solą i pieprzem do smaku.
e) Pomidorowe pesto rosso podawaj wymieszane z makaronem, rozsmarowane na kanapkach lub jako dip do paluszków chlebowych.

53. Pesto z pomidorów i migdałów

SKŁADNIKI:
- 1 szklanka suszonych pomidorów (w oleju), odsączonych
- 1/4 szklanki migdałów, prażonych
- 2 ząbki czosnku, posiekane
- 1/4 szklanki startego parmezanu
- 1/4 szklanki świeżych liści bazylii
- 1/4 szklanki oliwy z oliwek z pierwszego tłoczenia
- Sól i pieprz do smaku

INSTRUKCJE:
a) W robocie kuchennym wymieszaj suszone pomidory, prażone migdały, posiekany czosnek, parmezan i liście bazylii.
b) Pulsuj, aż składniki zostaną drobno posiekane.
c) Przy włączonym robocie kuchennym stopniowo dodawaj oliwę z oliwek, aż pesto osiągnie pożądaną konsystencję.
d) Dopraw solą i pieprzem do smaku.
e) Podawaj pesto z pomidorów i migdałów wymieszane z makaronem, smarowane na kanapkach lub jako dip do surowych warzyw.

54. Pesto z pomidorów i nerkowców

SKŁADNIKI:

- 1 szklanka suszonych pomidorów (w oleju), odsączonych
- 1/4 szklanki orzechów nerkowca, uprażonych
- 2 ząbki czosnku, posiekane
- 1/4 szklanki startego parmezanu
- 1/4 szklanki świeżych liści bazylii
- 1/4 szklanki oliwy z oliwek z pierwszego tłoczenia
- Sól i pieprz do smaku

INSTRUKCJE:

a) W robocie kuchennym wymieszaj suszone pomidory, prażone orzechy nerkowca, posiekany czosnek, parmezan i liście bazylii.
b) Pulsuj, aż składniki zostaną drobno posiekane.
c) Przy włączonym robocie kuchennym stopniowo dodawaj oliwę z oliwek, aż pesto osiągnie pożądaną konsystencję.
d) Dopraw solą i pieprzem do smaku.
e) Podawaj pesto z pomidorów i nerkowców wymieszane z makaronem, posmarowane crostini lub jako dodatek do grillowanego kurczaka lub ryby.

55. Pesto z pomidorów i pistacji

SKŁADNIKI:
- 1 szklanka suszonych pomidorów (w oleju), odsączonych
- 1/4 szklanki pistacji łuskanych, uprażonych
- 2 ząbki czosnku, posiekane
- 1/4 szklanki startego parmezanu
- 1/4 szklanki świeżych liści bazylii
- 1/4 szklanki oliwy z oliwek z pierwszego tłoczenia
- Sól i pieprz do smaku

INSTRUKCJE:
a) W robocie kuchennym wymieszaj suszone pomidory, prażone pistacje, posiekany czosnek, parmezan i liście bazylii.
b) Pulsuj, aż składniki zostaną drobno posiekane.
c) Przy włączonym robocie kuchennym stopniowo dodawaj oliwę z oliwek, aż pesto osiągnie pożądaną konsystencję.
d) Dopraw solą i pieprzem do smaku.
e) Podawaj pesto z pomidorów i pistacji wymieszane z makaronem, posmarowane bruschettą lub jako dip do paluszków chlebowych.

56. Pesto z pestek pomidorów i dyni

SKŁADNIKI:
- 1 szklanka suszonych pomidorów (w oleju), odsączonych
- 1/4 szklanki pestek dyni (pepitas), prażonych
- 2 ząbki czosnku, posiekane
- 1/4 szklanki startego parmezanu
- 1/4 szklanki świeżych liści bazylii
- 1/4 szklanki oliwy z oliwek z pierwszego tłoczenia
- Sól i pieprz do smaku

INSTRUKCJE:
a) W robocie kuchennym wymieszaj suszone pomidory, prażone pestki dyni, posiekany czosnek, parmezan i liście bazylii.
b) Pulsuj, aż składniki zostaną drobno posiekane.
c) Przy włączonym robocie kuchennym stopniowo dodawaj oliwę z oliwek, aż pesto osiągnie pożądaną konsystencję.
d) Dopraw solą i pieprzem do smaku.
e) Podawaj pesto z pomidorów i pestek dyni wymieszane z makaronem, smarowane na kanapkach lub jako dodatek do pieczonych warzyw.

SOSY POMIDOROWE DO MAKARONÓW

57. Podstawowy sos do makaronu

SKŁADNIKI:
- 1 łyżka oleju
- ½ czerwonej papryki
- ½ zielonej papryki
- ½ cebuli
- ½ łyżeczki czosnku w proszku
- ½ łyżeczki oregano
- ½ łyżeczki płatków pietruszki
- 1 łyżka ostrego sosu
- 1 łyżka cukru
- 12-uncjowa puszka sosu pomidorowego
- ½ szklanki ketchupu
- ½ szklanki wody

INSTRUKCJE:

a) W rondlu na średnim ogniu rozgrzej olej i smaż paprykę i cebulę przez 3 minuty.
b) Dodać czosnek, oregano, płatki pietruszki i ostry sos.
c) Dodać sos pomidorowy, wodę i gotować 3-4 minuty.
    a) Cieszyć się!

58.Pikantny Sos do makaronu

SKŁADNIKI:

- 2 łyżeczki oliwy z oliwek
- 1 średnia cebula, posiekana
- 2 łyżki czosnku, posiekanego
- 2 (15-uncjowe) puszki sosu pomidorowego (można zastąpić jedną z puszek kruszonymi lub duszonymi pomidorami, jeśli lubisz kawałki pomidorów)
- 1 (6 uncji) puszka koncentratu pomidorowego
- 1 łyżeczka suszonego oregano
- 1 łyżeczka suszonego rozmarynu
- 1/2 łyżeczki pokruszonych płatków czerwonej papryki (można pominąć, jeśli wolisz)
- 3/4 łyżeczki soli
- 1/4 łyżeczki pieprzu
- 1 łyżeczka cukru

INSTRUKCJE:

a) Na patelni rozgrzej niezbędną oliwę z oliwek na średnim ogniu.
b) Włóż cebulę i smaż, aż będzie miękka. Włóż czosnek i gotuj przez kolejną minutę.
c) Mieszanka znajdująca się w produktach pomidorowych, oregano, rozmarynie, kruszonej czerwonej papryce, soli i pieprzu. Stylizuj sos i jeśli chcesz, dodaj glukozę.
d) Doprowadzić do minimalnego wrzenia, następnie zmniejszyć ogień i gotować przez około 10 minut, aż rzeczywiście nieco zgęstnieje. Użyj według uznania.

59. Cytrusowy sos do makaronu

SKŁADNIKI:

- 9 3/5 dużych dojrzałych pomidorów, pokrojonych w ćwiartki, pozbawionych gniazd nasiennych i posiekanych
- 3 1/5 2 -4 łyżki oliwy z oliwek
- 6 2/5 ząbków czosnku, obranych i posiekanych
- 4/5 szklanki umytych, suszonych i łodygowych liści bazylii, posiekanych
- 2/5 szklanki włoskiej pietruszki, umytej i posiekanej
- 16 świeżych oliwek, wypestkowanych i posiekanych (zielonych lub czarnych)
- 2/5 szklanki kaparów
- 3 1/5 łyżki octu balsamicznego
- 1 3/5 łyżeczki startej skórki pomarańczowej lub 1 łyżeczka skórki cytrynowej
- sól i świeżo zmielony czarny pieprz
- parmezan do posypania gotowego makaronu

INSTRUKCJE:

a) Połącz wszystkie składniki (oprócz sera) w misce i wymieszaj.
b) Ugotuj makaron, polej sosem, posyp serem.

60.Piwo Sos do makaronu

SKŁADNIKI:
- 1 (29 uncji) puszka przecieru pomidorowego
- 12 uncji piwa
- 2 łyżki cukru białego
- 1 1/2 łyżeczki czosnku w proszku
- 1 1/2 łyżeczki suszonej bazylii
- 1 1/2 łyżeczki suszonego oregano
- 1 łyżeczka soli

INSTRUKCJE:
a) Połącz wszystkie składniki znalezione w rondlu.
b) Doprowadzić do wrzenia na większym ogniu niż na średnim ogniu.
c) Zmniejszyć ogień do średnio-niskiego i gotować trzydzieści minut.

61. Sos do makaronu Kalkuta

SKŁADNIKI:
- 2 łyżki stołowe Masło
- 1 ½ łyżki Ziarno kminku; zgnieciony
- 1 łyżka stołowa Papryka
- 3 Ząbki czosnku; mielony
- 2 łyżki stołowe Świeży korzeń imbiru; mielony
- 2 papryczki jalapeno ; posiewane i mielone
- 3½ szklanki Pomidory świeże lub z puszki
- 1 łyżeczka Kardamon; grunt
- ½ łyżki Garam masala
- ½ szklanki Jogurt naturalny
- ½ szklanki Ciężki krem
- ¼ szklanki Świeża kolendra; posiekana

INSTRUKCJE:
a) Podsmaż kminek, paprykę, czosnek, korzeń imbiru i papryczki jalapeno na maśle, aż będą złociste i pachnące, około 5 minut. Dodać pomidory, kardamon i garam masala.
b) Gotuj delikatnie, aż zgęstnieje, od 30 do 60 minut .
c) Dodać jogurt, opcjonalnie śmietankę i kolendrę.
d) Podgrzać, ale nie gotować. Podawać z kuskusem lub makaronem.

62. Pikantny Sos Pomidorowy Neapolitański

SKŁADNIKI:

- 2 łyżki oliwy z oliwek
- 4 ząbki czosnku, posiekane
- 1 cebula, drobno posiekana
- 1/2 łyżeczki płatków czerwonej papryki (dostosuj do smaku)
- 28 uncji pokruszonych pomidorów z puszki
- 1 łyżeczka suszonego oregano
- Sól i pieprz do smaku

INSTRUKCJE:

a) Rozgrzej oliwę z oliwek w rondlu na średnim ogniu. Dodajemy przeciśnięty przez praskę czosnek i posiekaną cebulę, smażymy aż zmiękną.
b) Dodaj płatki czerwonej papryki i smaż przez kolejną minutę.
c) Dodać rozdrobnione pomidory, suszone oregano, sól i pieprz.
d) Gotować około 20-25 minut, aż sos zgęstnieje i smaki się połączą.
e) W razie potrzeby dopraw przyprawami i podawaj z ugotowanym makaronem, aby uzyskać pikantny kopniak.

63. Sos neapolitański z pieczonymi pomidorami i czosnkiem

SKŁADNIKI:

- 2 łyżki oliwy z oliwek
- 6 obranych ząbków czosnku
- 28 uncji pokruszonych pomidorów z puszki
- 1 łyżeczka suszonego oregano
- 1 łyżeczka suszonej bazylii
- Sól i pieprz do smaku

INSTRUKCJE:

a) Rozgrzej piekarnik do 400°F (200°C). Obrane ząbki czosnku ułóż na blasze do pieczenia i skrop oliwą z oliwek. Piecz przez 15-20 minut, aż będzie złociste i pachnące.
b) W rondlu rozgrzej oliwę z oliwek na średnim ogniu. Dodać upieczone ząbki czosnku i smażyć kolejną minutę.
c) Wymieszaj zmiażdżone pomidory, suszone oregano, suszoną bazylię, sól i pieprz.
d) Gotować około 20-25 minut, aż sos zgęstnieje i smaki się połączą.
e) W razie potrzeby dopraw przyprawami i podawaj z ugotowanym makaronem, aby uzyskać bogaty i aromatyczny sos.

64. Balsamiczny sos pomidorowy neapolitański

SKŁADNIKI:

- 2 łyżki oliwy z oliwek
- 4 ząbki czosnku, posiekane
- 1 cebula, drobno posiekana
- 2 łyżki octu balsamicznego
- 28 uncji pokruszonych pomidorów z puszki
- 1 łyżeczka suszonego oregano
- Sól i pieprz do smaku

INSTRUKCJE:

a) Rozgrzej oliwę z oliwek w rondlu na średnim ogniu. Dodajemy posiekany czosnek i posiekaną cebulę, smażymy aż zmiękną.
b) Dodaj ocet balsamiczny i gotuj przez kolejną minutę.
c) Dodać rozdrobnione pomidory, suszone oregano, sól i pieprz.
d) Gotować około 20-25 minut, aż sos zgęstnieje i smaki się połączą.
e) W razie potrzeby dopraw przyprawami i podawaj z ugotowanym makaronem, aby uzyskać pikantny i aromatyczny akcent.

65.Sos pomidorowy caprese

SKŁADNIKI:

- 2 łyżki oliwy z oliwek
- 4 ząbki czosnku, posiekane
- 4 duże pomidory pokrojone w kostkę
- 1/2 szklanki posiekanych świeżych liści bazylii
- 8 uncji świeżej mozzarelli, pokrojonej w kostkę
- Sól i pieprz do smaku

INSTRUKCJE:

a) Rozgrzej oliwę z oliwek w rondlu na średnim ogniu. Dodaj posiekany czosnek i smaż, aż zacznie pachnieć.
b) Dodajemy pokrojone w kostkę pomidory i smażymy, aż zaczną mięknąć.
c) Dodaj posiekane liście bazylii i pokrojoną w kostkę mozzarellę. Gotuj, aż mozzarella zacznie się topić.
d) Dopraw solą i pieprzem do smaku.
e) Podawać z ugotowanym makaronem z klasycznym sosem Caprese.

66. Makaron z sosem grzybowo-pomidorowym

SKŁADNIKI:

- 2 łyżki oliwy z oliwek
- 225 g grzybów pokrojonych w plasterki
- 4 ząbki czosnku, posiekane
- 1 puszka (14 uncji) pokrojonych w kostkę pomidorów
- 1/2 szklanki sosu pomidorowego
- 1 łyżeczka suszonego oregano
- Sól i pieprz do smaku
- Świeża natka pietruszki, posiekana (do dekoracji)

INSTRUKCJE:

a) Rozgrzej oliwę z oliwek na patelni na średnim ogniu. Dodaj pokrojone grzyby i smaż na złoty kolor, około 5-7 minut.
b) Dodaj posiekany czosnek na patelnię i smaż przez 1-2 minuty, aż zacznie pachnieć.
c) Wlać pokrojone w kostkę pomidory i sos pomidorowy. Wymieszać z suszonym oregano.
d) Gotuj sos przez około 10 minut, od czasu do czasu mieszając.
e) Dopraw solą i pieprzem do smaku.

67. Sos pomidorowo-oliwkowy do makaronu

SKŁADNIKI:

- 2 łyżki oliwy z oliwek
- 1 cebula, drobno posiekana
- 4 ząbki czosnku, posiekane
- 1 puszka (14 uncji) pokrojonych w kostkę pomidorów
- 1/2 szklanki sosu pomidorowego
- 1/2 szklanki pokrojonych w plasterki czarnych oliwek
- 1 łyżeczka suszonej bazylii
- Sól i pieprz do smaku
- Tarty parmezan (do dekoracji)

INSTRUKCJE:

a) Rozgrzej oliwę z oliwek na patelni na średnim ogniu. Dodaj posiekaną cebulę i smaż, aż będzie przezroczysta, około 5 minut.
b) Dodaj posiekany czosnek na patelnię i smaż przez kolejne 1-2 minuty, aż zacznie pachnieć.
c) Wlać pokrojone w kostkę pomidory i sos pomidorowy. Wymieszać z pokrojonymi czarnymi oliwkami i suszoną bazylią.
d) Gotuj sos przez około 10 minut, od czasu do czasu mieszając.
e) Dopraw solą i pieprzem do smaku.
f) Podawaj makaron z sosem pomidorowo-oliwnym na ugotowanym makaronie. Przed podaniem udekoruj tartym parmezanem.

SOS POMIDOROWY MARINARA

68. Gruby sos Marinara

SKŁADNIKI:
- 1 szklanka pokrojonej w kostkę czerwonej cebuli
- 1 szklanka pokrojonego w kostkę selera
- 1 szklanka pokrojonej w kostkę cukinii
- 1 szklanka pokrojonych w kostkę grzybów
- 4 szklanki obranych i pokrojonych w kostkę pomidorów (około 8 średnich pomidorów)
- 1 szklanka soku pomidorowego
- 2 łyżki koncentratu pomidorowego
- 2 łyżki posiekanej świeżej bazylii
- 1 łyżka posiekanego świeżego oregano
- 1 łyżeczka mielonego czosnku

INSTRUKCJE:
a) Zacznij od pokrojenia cebuli, selera, cukinii i grzybów na półcalowe kawałki.
b) Na patelni podsmaż pokrojone w kostkę warzywa w occie balsamicznym przez około 5 minut, aż lekko zmiękną.
c) Na patelnię wrzucamy pokrojone w kostkę pomidory, sok pomidorowy, koncentrat pomidorowy, posiekane zioła (bazylię i oregano) oraz przeciśnięty przez praskę czosnek.
d) Pozwól sosowi gotować się na średnim ogniu przez około 20 minut lub do momentu, aż zredukuje się o około jedną trzecią.
e) Gdy sos osiągnie pożądaną konsystencję, a smaki się połączą, podawaj go z makaronem, aby uzyskać pyszny posiłek.

69. 30-minutowy sos Marinara

SKŁADNIKI:
- 28 uncji pomidorów w puszkach
- 16 uncji sosu pomidorowego
- 5 ½ uncji pasty pomidorowej
- ½ szklanki posiekanej zielonej papryki
- ½ szklanki posiekanej cebuli
- ½ szklanki pokrojonej w kostkę cukinii
- 1 szklanka posiekanych grzybów
- ½ szklanki posiekanej marchewki
- 1 łyżeczka bazylii
- 1 łyżeczka majeranku
- ½ łyżeczki oregano
- ½ łyżeczki rozmarynu
- 3 ząbki posiekanego czosnku
- 3 łyżki oliwy z oliwek

INSTRUKCJE:
a) W dużym rondlu rozgrzej oliwę z oliwek na średnim ogniu.
b) Do rondla dodać posiekaną zieloną paprykę, cebulę, cukinię, pieczarki, marchewkę, posiekany czosnek i zioła (bazylia, majeranek, oregano, rozmaryn). Smażyć, aż cebula będzie przezroczysta, a warzywa lekko zmięknięte.
c) Do rondla dodać pomidory z puszki, sos pomidorowy i koncentrat pomidorowy. Całe pomidory rozdrobnić łyżką.
d) Doprowadź mieszaninę do wrzenia i gotuj przez 30 minut, od czasu do czasu mieszając.
e) Gdy sos zgęstnieje, a smaki się połączą, jest gotowy do użycia w dowolnym przepisie wymagającym sosu do makaronu.

70. Marynata czosnkowa

SKŁADNIKI:
- 1 (8 uncji) puszka włoskich pomidorów śliwkowych
- 2 ząbki czosnku, zmiażdżone
- 2 łyżki oliwy z oliwek
- 2 szczypty oregano
- 1 łyżeczka posiekanej natki pietruszki

INSTRUKCJE:
a) Odcedź włoskie pomidory śliwkowe i pokrój je na małe kawałki.
b) Na patelni rozgrzej oliwę z oliwek na średnim ogniu. Dodaj zmiażdżony czosnek i smaż przez około minutę lub do złotego koloru.
c) Zdejmij czosnek z patelni i wyrzuć.
d) Na patelnię wrzucamy pokrojone pomidory i smażymy przez około 4 minuty, aż zaczną mięknąć.
e) Dodaj oregano i posiekaną natkę pietruszki i smaż przez dodatkową minutę, aby smaki się połączyły.
f) Zdejmij sos marinara z ognia i użyj go według uznania.

71. Sos Makaronowy Marinara

SKŁADNIKI:

- 2 duże ząbki czosnku, obrane
- 20 dużych gałązek pietruszki włoskiej, same liście
- 1/2 szklanki oliwy z oliwek
- 2 funty dojrzałych pomidorów lub taka sama ilość z puszki
- Sól i świeżo zmielony czarny pieprz

INSTRUKCJE:

a) Drobno posiekaj ząbki czosnku i grubo posiekaj liście pietruszki.
b) W dużym rondlu rozgrzej oliwę z oliwek na średnim ogniu. Dodaj posiekany czosnek i pietruszkę, smaż przez około dwie minuty, uważając, aby nie dopuścić do zbytniego zabarwienia.
c) Jeśli używasz świeżych pomidorów, pokrój je na 1-calowe kawałki. Na patelnię dodaj pomidory świeże lub z puszki i gotuj przez dodatkowe 25 minut, od czasu do czasu mieszając.
d) Przepuść zawartość patelni przez młynek, używając krążka z najmniejszymi otworami. Alternatywnie pomiń ten krok, jeśli wolisz sos z kawałkami pomidorów.
e) Sos doprawić do smaku solą i świeżo zmielonym czarnym pieprzem.
f) Redukuj sos na średnim ogniu przez dodatkowe 10 minut, a następnie podawaj.

72. Salsa Marinara

SKŁADNIKI:
- 1 szklanka posiekanej cebuli
- 2 ząbki czosnku, posiekane
- 1/3 szklanki oliwy z oliwek
- 2 funty twardych, dojrzałych pomidorów, wydrążonych, pokrojonych na 1-calowe kawałki lub 2 puszki (28 uncji) obranych całych włoskich pomidorów śliwkowych
- Sól i świeżo zmielony pieprz do smaku

INSTRUKCJE:
a) W dużym rondlu ustawionym na umiarkowanym ogniu podsmaż posiekaną cebulę, posiekany czosnek i oliwę z oliwek, mieszając od czasu do czasu przez około 5 minut, aż cebula zmięknie.
b) Do rondla dodać pomidory, doprawić solą i świeżo zmielonym pieprzem do smaku.
c) Gotuj mieszaninę pod przykryciem, od czasu do czasu mieszając, przez około 20 minut, aż pomidory zmiękną, a smaki się połączą.
d) W razie potrzeby zmiksuj mieszaninę w robocie kuchennym lub blenderze albo przepuść ją przez tarczę młynka, aby uzyskać gładszą konsystencję.
e) Podawaj salsę marinarę z makaronem lub użyj jej jako sosu do chleba lub warzyw.

73. Marynara z Pieczonych Pomidorów Czosnkowych

SKŁADNIKI:

- 2 funty (około 900 g) dojrzałych pomidorów, przekrojonych na połówki
- 1 cebula, posiekana
- 4 ząbki czosnku, posiekane
- 2 łyżki oliwy z oliwek
- 1 łyżeczka suszonego oregano
- 1 łyżeczka suszonej bazylii
- Sól i pieprz do smaku
- Posiekane świeże liście bazylii (do dekoracji)

INSTRUKCJE:

a) Rozgrzej piekarnik do 400°F (200°C). Połóż przekrojone na pół pomidory na blasze do pieczenia, przecięciem do góry.
b) Skropić oliwą i posypać przeciśniętym przez praskę czosnkiem, posiekaną cebulą, suszonym oregano, suszoną bazylią, solą i pieprzem.
c) Piecz w piekarniku przez około 30-40 minut lub do momentu, aż pomidory się skarmelizują i zmiękną.
d) Wyjąć z piekarnika i pozostawić do lekkiego przestygnięcia. Przełóż pieczone pomidory i czosnek do blendera lub robota kuchennego i zmiksuj na gładką masę.
e) W rondlu na średnim ogniu rozgrzej łyżkę oliwy z oliwek. Wlać zmiksowaną mieszaninę pomidorów do rondla.
f) Sos gotuj przez około 15-20 minut, od czasu do czasu mieszając, aż zgęstnieje do pożądanej konsystencji.
g) W razie potrzeby doprawić dodatkową solą i pieprzem.
h) Podawaj sos marinara z pieczonych czosnków i pomidorów na ugotowanym makaronie lub użyj jako sosu do paluszków chlebowych. Przed podaniem udekoruj posiekanymi listkami świeżej bazylii.

74. Marinara z grzybów i pomidorów

SKŁADNIKI:
- 2 łyżki oliwy z oliwek
- 225 g grzybów pokrojonych w plasterki
- 1 cebula, posiekana
- 4 ząbki czosnku, posiekane
- 28 uncji (800 g) pokruszonych pomidorów z puszki
- 1 łyżeczka suszonego oregano
- 1 łyżeczka suszonej bazylii
- Sól i pieprz do smaku
- Świeża natka pietruszki, posiekana (do dekoracji)

INSTRUKCJE:
a) Rozgrzej oliwę z oliwek na patelni na średnim ogniu. Dodać pokrojone w plasterki pieczarki i posiekaną cebulę. Smażyć, aż grzyby staną się złotobrązowe, a cebula zmięknie, około 5-7 minut.
b) Dodaj posiekany czosnek na patelnię i smaż przez kolejne 1-2 minuty, aż zacznie pachnieć.
c) Wlać pokruszone pomidory z puszki i wymieszać z suszonym oregano i bazylią. Dopraw solą i pieprzem do smaku.
d) Sos gotuj przez około 15-20 minut, od czasu do czasu mieszając, aż zgęstnieje do pożądanej konsystencji.
e) Posmakuj i w razie potrzeby dopraw do smaku.
f) Podawaj grzybowo-pomidorowy sos marinara na ugotowanym makaronie. Przed podaniem udekoruj posiekaną świeżą pietruszką.

75. Ostra marynata z pomidorów i czerwonej papryki

SKŁADNIKI:
- 2 łyżki oliwy z oliwek
- 1 cebula, posiekana
- 4 ząbki czosnku, posiekane
- 28 uncji (800 g) pokruszonych pomidorów z puszki
- 1 łyżeczka suszonego oregano
- 1 łyżeczka suszonej bazylii
- 1/2 łyżeczki płatków czerwonej papryki (dostosuj do smaku)
- Sól i pieprz do smaku
- Posiekane świeże liście bazylii (do dekoracji)

INSTRUKCJE:
a) Rozgrzej oliwę z oliwek w rondlu na średnim ogniu. Dodać posiekaną cebulę i posiekany czosnek. Smażyć, aż cebula będzie przezroczysta, a czosnek zacznie pachnieć, około 5-7 minut.
b) Wlać pokruszone pomidory z puszki i wymieszać z suszonym oregano, bazylią i płatkami czerwonej papryki. Dopraw solą i pieprzem do smaku.
c) Sos gotuj przez około 15-20 minut, od czasu do czasu mieszając, aż zgęstnieje do pożądanej konsystencji.
d) Posmakuj i w razie potrzeby dopraw do smaku.
e) Podawaj pikantny sos pomidorowy marinara na ugotowanym makaronie. Przed podaniem udekoruj posiekanymi listkami świeżej bazylii.

76. Marinara ze szpinaku i pomidorów

SKŁADNIKI:

- 2 łyżki oliwy z oliwek
- 4 ząbki czosnku, posiekane
- 4 szklanki świeżych liści szpinaku
- 28 uncji (800 g) pokruszonych pomidorów z puszki
- 1 łyżeczka suszonego oregano
- 1 łyżeczka suszonej bazylii
- Sól i pieprz do smaku
- Świeżo starty parmezan (do dekoracji)

INSTRUKCJE:

a) Rozgrzej oliwę z oliwek na patelni na średnim ogniu. Dodaj posiekany czosnek i smaż przez 1-2 minuty, aż zacznie pachnieć.
b) Dodaj świeże liście szpinaku na patelnię i smaż, aż zwiędną, około 2-3 minuty.
c) Wlać pokruszone pomidory z puszki i wymieszać z suszonym oregano i bazylią. Dopraw solą i pieprzem do smaku.
d) Sos gotuj przez około 15-20 minut, od czasu do czasu mieszając, aż zgęstnieje do pożądanej konsystencji.
e) Posmakuj i w razie potrzeby dopraw do smaku.
f) Podawaj szpinakowo-pomidorowy sos marinara na ugotowanym makaronie. Przed podaniem udekoruj świeżo startym parmezanem.

SOS POMIDOROWY ARRABIATA

77. Klasyczny sos pomidorowy Arrabbiata

SKŁADNIKI:

- 2 łyżki oliwy z oliwek
- 4 ząbki czosnku, posiekane
- 1/2 łyżeczki płatków czerwonej papryki (dostosuj do smaku)
- 28 uncji pokruszonych pomidorów z puszki
- Sól i pieprz do smaku

INSTRUKCJE:

a) Rozgrzej oliwę z oliwek w rondlu na średnim ogniu.
b) Dodaj posiekany czosnek i płatki czerwonej papryki, smaż przez 1-2 minuty, aż zaczną wydzielać aromat.
c) Wlać rozdrobnione pomidory i doprawić solą i pieprzem.
d) Gotować około 15-20 minut, aż sos zgęstnieje. W razie potrzeby dostosuj przyprawę.
e) Podawaj z ugotowanym makaronem i ciesz się smakiem!

78. Sos Arrabbiata z Pieczonych Pomidorów

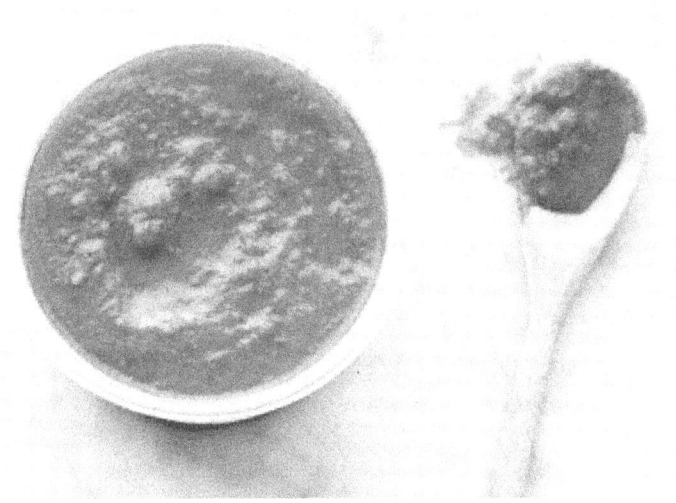

SKŁADNIKI:
- 2 funty dojrzałych pomidorów, przekrojonych na połówki
- 2 łyżki oliwy z oliwek
- 4 ząbki czosnku, posiekane
- 1/2 łyżeczki płatków czerwonej papryki (dostosuj do smaku)
- Sól i pieprz do smaku

INSTRUKCJE:
a) Rozgrzej piekarnik do 400°F (200°C). Połóż przekrojone na pół pomidory na blasze do pieczenia.
b) Skropić oliwą z oliwek i doprawić solą i pieprzem. Piec około 30-40 minut, aż pomidory będą miękkie i karmelizowane.
c) W rondlu rozgrzej oliwę z oliwek na średnim ogniu. Dodać posiekany czosnek i płatki czerwonej papryki, smażyć 1-2 minuty.
d) Do rondelka dodajemy pieczone pomidory i rozgniatamy je widelcem lub tłuczkiem do ziemniaków.
e) Gotować 10-15 minut, aż sos zgęstnieje. W razie potrzeby dostosuj przyprawę.
f) Podawaj z makaronem i ciesz się bogatym smakiem pieczonych pomidorów!

79. Pikantny Sos Pomidorowy Arrabbiata Z Pancettą

SKŁADNIKI:

- 2 łyżki oliwy z oliwek
- 4 uncje pancetty, pokrojonej w kostkę
- 4 ząbki czosnku, posiekane
- 1/2 łyżeczki płatków czerwonej papryki (dostosuj do smaku)
- 28 uncji pokruszonych pomidorów z puszki
- Sól i pieprz do smaku

INSTRUKCJE:

a) Rozgrzej oliwę z oliwek w rondlu na średnim ogniu. Dodaj pokrojoną w kostkę pancettę i smaż, aż będzie chrupiąca.
b) Dodać posiekany czosnek i płatki czerwonej papryki, smażyć kolejną minutę.
c) Wlać rozdrobnione pomidory i doprawić solą i pieprzem.
d) Gotować około 15-20 minut, aż sos zgęstnieje. W razie potrzeby dostosuj przyprawę.
e) Podawaj z makaronem, aby uzyskać cudownie pikantne i pikantne danie!

80. Wegański sos pomidorowy Arrabbiata

SKŁADNIKI:

- 2 łyżki oliwy z oliwek
- 4 ząbki czosnku, posiekane
- 1/2 łyżeczki płatków czerwonej papryki (dostosuj do smaku)
- 28 uncji pokruszonych pomidorów z puszki
- Sól i pieprz do smaku
- Posiekane świeże liście bazylii (opcjonalnie, do dekoracji)

INSTRUKCJE:

a) Rozgrzej oliwę z oliwek w rondlu na średnim ogniu. Dodać posiekany czosnek i płatki czerwonej papryki, smażyć 1-2 minuty.
b) Wlać rozdrobnione pomidory i doprawić solą i pieprzem.
c) Gotować około 15-20 minut, aż sos zgęstnieje. W razie potrzeby dostosuj przyprawę.
d) Podawaj z ugotowanym makaronem i udekoruj świeżymi liśćmi bazylii, aby uzyskać żywe i aromatyczne danie wegańskie!

81. Kremowy sos pomidorowy Arrabbiata

SKŁADNIKI:
- 2 łyżki oliwy z oliwek
- 4 ząbki czosnku, posiekane
- 1/2 łyżeczki płatków czerwonej papryki (dostosuj do smaku)
- 28 uncji pokruszonych pomidorów z puszki
- 1/2 szklanki gęstej śmietanki
- Sól i pieprz do smaku

INSTRUKCJE:
a) Rozgrzej oliwę z oliwek w rondlu na średnim ogniu. Dodać posiekany czosnek i płatki czerwonej papryki, smażyć 1-2 minuty.
b) Wlać posiekane pomidory i doprowadzić do wrzenia.
c) Dodaj gęstą śmietanę i gotuj na wolnym ogniu przez kolejne 5-10 minut, aż sos zgęstnieje.
d) Dopraw solą i pieprzem do smaku.
e) Podawaj z ugotowanym makaronem, aby uzyskać bogaty i kremowy akcent klasycznego sosu Arrabbiata!

82. Sos Arrabbiata z Pieczonej Czerwonej Papryki

SKŁADNIKI:
- 2 łyżki oliwy z oliwek
- 1 cebula, posiekana
- 2 ząbki czosnku, posiekane
- 1/2 łyżeczki płatków czerwonej papryki (dostosuj do smaku)
- 2 pieczone czerwone papryki, obrane i posiekane
- 28 uncji pokruszonych pomidorów z puszki
- Sól i pieprz do smaku

INSTRUKCJE:
a) Rozgrzej oliwę z oliwek w rondlu na średnim ogniu. Dodaj posiekaną cebulę i smaż, aż będzie przezroczysta.
b) Dodać posiekany czosnek i płatki czerwonej papryki, smażyć kolejną minutę.
c) Wymieszać z posiekaną pieczoną czerwoną papryką i pokruszonymi pomidorami. Doprowadzić do wrzenia.
d) Gotować około 15-20 minut, aż sos zgęstnieje.
e) Dopraw solą i pieprzem do smaku.
f) Podawaj z makaronem, aby uzyskać aromatyczną i lekko wędzoną odmianę sosu Arrabbiata!

83.Sos Arrabbiata z suszonych pomidorów

SKŁADNIKI:

- 2 łyżki oliwy z oliwek
- 4 ząbki czosnku, posiekane
- 1/2 łyżeczki płatków czerwonej papryki (dostosuj do smaku)
- 1/2 szklanki posiekanych suszonych pomidorów (w oleju)
- 28 uncji pokruszonych pomidorów z puszki
- Sól i pieprz do smaku

INSTRUKCJE:

a) Rozgrzej oliwę z oliwek w rondlu na średnim ogniu. Dodać posiekany czosnek i płatki czerwonej papryki, smażyć 1-2 minuty.
b) Wymieszaj posiekane suszone pomidory i pokruszone pomidory z puszki. Doprowadzić do wrzenia.
c) Gotować około 15-20 minut, aż sos zgęstnieje.
d) Dopraw solą i pieprzem do smaku.
e) Podawaj z ugotowanym makaronem, aby uzyskać pikantny i pikantny akcent tradycyjnego sosu Arrabbiata!

84. Sos grzybowy Arrabbiata

SKŁADNIKI:

- 2 łyżki oliwy z oliwek
- 8 uncji grzybów, pokrojonych w plasterki
- 4 ząbki czosnku, posiekane
- 1/2 łyżeczki płatków czerwonej papryki (dostosuj do smaku)
- 28 uncji pokruszonych pomidorów z puszki
- Sól i pieprz do smaku

INSTRUKCJE:

a) Rozgrzej oliwę z oliwek w rondlu na średnim ogniu. Dodajemy pokrojone w plasterki pieczarki i smażymy na złoty kolor.
b) Dodać posiekany czosnek i płatki czerwonej papryki, smażyć kolejną minutę.
c) Dodajemy przekrojone pomidory z puszki i doprowadzamy do wrzenia.
d) Gotować około 15-20 minut, aż sos zgęstnieje.
e) Dopraw solą i pieprzem do smaku.
f) Podawaj z ugotowanym makaronem, aby uzyskać obfity i aromatyczny sos grzybowy Arrabbiata!

SOS KREM POMIDOROWY

85. Sos kremowy z suszonych pomidorów

SKŁADNIKI:
- 2 łyżki oliwy z oliwek
- 2 ząbki czosnku, posiekane
- 1/2 szklanki suszonych pomidorów, posiekanych
- 1 puszka (14 uncji) pokrojonych w kostkę pomidorów
- 1 szklanka gęstej śmietanki
- Sól i pieprz do smaku
- Świeża natka pietruszki, posiekana (opcjonalnie, do dekoracji)

INSTRUKCJE:
a) Rozgrzej oliwę z oliwek w rondlu na średnim ogniu. Dodaj posiekany czosnek i smaż, aż zacznie pachnieć.
b) Dodajemy posiekane suszone pomidory i pokrojone w kostkę pomidory. Dusić przez 10 minut.
c) Dodaj gęstą śmietanę i gotuj na wolnym ogniu przez kolejne 5 minut, aż sos zgęstnieje.
d) Dopraw solą i pieprzem do smaku.
e) W razie potrzeby udekoruj świeżą posiekaną natką pietruszki.
f) Podawaj z ugotowanym makaronem, aby uzyskać bogaty i pyszny sos śmietanowy z suszonych pomidorów.

86. Wódka Kremowy Sos Pomidorowy

SKŁADNIKI:
- 2 łyżki oliwy z oliwek
- 2 ząbki czosnku, posiekane
- 1 puszka (14 uncji) pokruszonych pomidorów
- 1/4 szklanki wódki
- 1 szklanka gęstej śmietanki
- Sól i pieprz do smaku
- Świeża bazylia, posiekana (opcjonalnie, do dekoracji)

INSTRUKCJE:
a) Rozgrzej oliwę z oliwek w rondlu na średnim ogniu. Dodaj posiekany czosnek i smaż, aż zacznie pachnieć.
b) Wlać rozdrobnione pomidory i wódkę. Dusić przez 10 minut.
c) Dodaj gęstą śmietanę i gotuj na wolnym ogniu przez kolejne 5 minut, aż sos zgęstnieje.
d) Dopraw solą i pieprzem do smaku.
e) W razie potrzeby udekoruj świeżą posiekaną bazylią.
f) Podawać z ugotowanym makaronem i polać luksusowym sosem pomidorowym z dodatkiem wódki.

87. Kremowy sos pomidorowy z pieczonym czosnkiem

SKŁADNIKI:
- 2 łyżki masła
- 4 ząbki czosnku, upieczone i rozgniecione
- 1 puszka (14 uncji) pokruszonych pomidorów
- 1 szklanka gęstej śmietanki
- Sól i pieprz do smaku
- Świeży tymianek, posiekany (opcjonalnie, do dekoracji)

INSTRUKCJE:
a) W rondlu rozpuść masło na średnim ogniu. Dodaj rozgnieciony, pieczony czosnek i smaż przez 1-2 minuty.
b) Wlać pokrojone pomidory i dusić przez 5-7 minut.
c) Dodaj gęstą śmietanę i gotuj na wolnym ogniu przez kolejne 5 minut, aż sos lekko zgęstnieje.
d) Dopraw solą i pieprzem do smaku.
e) W razie potrzeby udekoruj świeżym, posiekanym tymiankiem.
f) Podawać z ugotowanym makaronem, aby uzyskać pikantny i aromatyczny sos śmietanowo-pomidorowy z pieczonym czosnkiem.

88. Kremowy sos pomidorowo-wiśniowy z parmezanem

SKŁADNIKI:
- 2 czubate szklanki całych pomidorków koktajlowych
- 2 do 3 łyżek śmietanki
- 1/3 szklanki startego parmezanu
- Sól i pieprz do smaku

INSTRUKCJE:
a) Rozgrzej patelnię na średnim ogniu i dodaj pomidorki koktajlowe. Gotuj, aż pomidory będą miękkie i zaczną pękać. Możesz pomóc w tym procesie, nakłuwając pomidory widelcem.
b) Wlej sok na patelnię, a następnie zmniejsz ogień.
c) Dodaj śmietanę na patelnię i gotuj, aż będzie gorąca.
d) Zdjąć z ognia i wymieszać z tartym parmezanem, solą i pieprzem.
e) Użyj tego kremowego sosu pomidorowego jako sosu do makaronu lub pizzy, posmaruj nim tosty lub wymieszaj z risotto.

89. Sos kremowo-pomidorowy z bazylią

SKŁADNIKI:

- 2 łyżki oliwy z oliwek
- 4 ząbki czosnku, posiekane
- 1 puszka (14 uncji) pokrojonych w kostkę pomidorów
- 1/2 szklanki sosu pomidorowego
- 1 łyżeczka suszonej bazylii
- 1/2 szklanki gęstej śmietanki
- Sól i pieprz do smaku
- Posiekane świeże liście bazylii (do dekoracji)
- Tarty parmezan (do dekoracji)

INSTRUKCJE:

a) Rozgrzej oliwę z oliwek na patelni na średnim ogniu. Dodaj posiekany czosnek i smaż, aż zacznie pachnieć, około 1 minuty.
b) Na patelnię dodaj pokrojone w kostkę pomidory i sos pomidorowy. Wymieszać z suszoną bazylią.
c) Gotuj sos przez około 10 minut, od czasu do czasu mieszając.
d) Wlać gęstą śmietanę i wymieszać, aż składniki dobrze się połączą. Dusić przez dodatkowe 5 minut.
e) Dopraw solą i pieprzem do smaku.
f) Podawaj kremowy sos pomidorowy z bazylią na ugotowanym makaronie. Przed podaniem udekoruj posiekanymi listkami świeżej bazylii i startym parmezanem.

90. Pikantny kremowy sos pomidorowy

SKŁADNIKI:
- 2 łyżki oliwy z oliwek
- 4 ząbki czosnku, posiekane
- 1 puszka (14 uncji) pokrojonych w kostkę pomidorów
- 1/2 szklanki sosu pomidorowego
- 1 łyżeczka suszonego oregano
- 1/2 łyżeczki płatków czerwonej papryki (dostosuj do smaku)
- 1/2 szklanki gęstej śmietanki
- Sól i pieprz do smaku
- Świeża natka pietruszki, posiekana (do dekoracji)

INSTRUKCJE:
a) Rozgrzej oliwę z oliwek na patelni na średnim ogniu. Dodaj posiekany czosnek i smaż, aż zacznie pachnieć, około 1 minuty.
b) Na patelnię dodaj pokrojone w kostkę pomidory i sos pomidorowy. Wymieszaj suszone oregano i płatki czerwonej papryki.
c) Gotuj sos przez około 10 minut, od czasu do czasu mieszając.
d) Wlać gęstą śmietanę i wymieszać, aż składniki dobrze się połączą. Dusić przez dodatkowe 5 minut.
e) Dopraw solą i pieprzem do smaku.
f) Podawaj pikantny sos pomidorowy na ugotowanym makaronie. Przed podaniem udekoruj posiekaną świeżą pietruszką.

91. Kremowy sos pomidorowo-grzybowy

SKŁADNIKI:
- 2 łyżki masła
- 225 g grzybów pokrojonych w plasterki
- 4 ząbki czosnku, posiekane
- 1 puszka (14 uncji) pokrojonych w kostkę pomidorów
- 1/2 szklanki sosu pomidorowego
- 1/2 szklanki gęstej śmietanki
- Sól i pieprz do smaku
- Liście świeżego tymianku, posiekane (do dekoracji)

INSTRUKCJE:
a) Rozpuść masło na patelni na średnim ogniu. Dodaj pokrojone grzyby i smaż na złoty kolor, około 5-7 minut.
b) Dodaj posiekany czosnek na patelnię i smaż przez kolejne 1-2 minuty.
c) Wlać pokrojone w kostkę pomidory i sos pomidorowy. Mieszaj do połączenia.
d) Gotuj sos przez około 10 minut, od czasu do czasu mieszając.
e) Wlać gęstą śmietanę i wymieszać, aż składniki dobrze się połączą. Dusić przez dodatkowe 5 minut.
f) Dopraw solą i pieprzem do smaku.
g) Podawaj kremowy sos grzybowo-pomidorowy na ugotowanym makaronie. Przed podaniem udekoruj posiekanymi listkami świeżego tymianku.

92. Szpinakowo-kremowy sos pomidorowy

SKŁADNIKI:

- 2 łyżki oliwy z oliwek
- 4 ząbki czosnku, posiekane
- 4 szklanki świeżych liści szpinaku
- 1 puszka (14 uncji) pokrojonych w kostkę pomidorów
- 1/2 szklanki sosu pomidorowego
- 1/2 szklanki gęstej śmietanki
- Sól i pieprz do smaku
- Tarty parmezan (do dekoracji)

INSTRUKCJE:

a) Rozgrzej oliwę z oliwek na patelni na średnim ogniu. Dodaj posiekany czosnek i smaż, aż zacznie pachnieć, około 1 minuty.
b) Dodaj świeże liście szpinaku na patelnię i smaż, aż zwiędną, około 2-3 minuty.
c) Wlać pokrojone w kostkę pomidory i sos pomidorowy. Mieszaj do połączenia.
d) Gotuj sos przez około 10 minut, od czasu do czasu mieszając.
e) Wlać gęstą śmietanę i wymieszać, aż składniki dobrze się połączą. Dusić przez dodatkowe 5 minut.
f) Dopraw solą i pieprzem do smaku.
g) Podawaj szpinakowo-kremowy sos pomidorowy na ugotowanym makaronie. Przed podaniem udekoruj tartym parmezanem.

93. Sos śmietanowy z suszonych pomidorów i bazylii

SKŁADNIKI:
- 1 łyżka oliwy z oliwek
- 4 ząbki czosnku, posiekane
- 1/4 szklanki suszonych pomidorów, posiekanych
- 1 puszka (14 uncji) pokrojonych w kostkę pomidorów
- 1/2 szklanki gęstej śmietanki
- 1 łyżeczka suszonej bazylii
- Sól i pieprz do smaku
- Posiekane świeże liście bazylii (do dekoracji)

INSTRUKCJE:

a) Rozgrzej oliwę z oliwek na patelni na średnim ogniu. Dodaj posiekany czosnek i posiekane suszone pomidory, smaż, aż zaczną wydzielać aromat.

b) Wlać pokrojone w kostkę pomidory. Mieszaj do połączenia i gotuj na wolnym ogniu przez około 10 minut.

c) Zmniejsz ogień i dodaj ciężką śmietanę i suszoną bazylię. Pozostaw sos na wolnym ogniu przez kolejne 5 minut, od czasu do czasu mieszając.

d) Dopraw solą i pieprzem do smaku.

e) Podawaj kremowy sos z suszonych pomidorów i bazylii na ugotowanym makaronie. Przed podaniem udekoruj posiekanymi listkami świeżej bazylii.

94. Sos kremowy z pomidorów i pieczonej czerwonej papryki

SKŁADNIKI:
- 1 łyżka oliwy z oliwek
- 4 ząbki czosnku, posiekane
- 1/2 szklanki pieczonej czerwonej papryki, pokrojonej w kostkę
- 1 puszka (14 uncji) pokrojonych w kostkę pomidorów
- 1/2 szklanki gęstej śmietanki
- Sól i pieprz do smaku
- Świeża natka pietruszki, posiekana (do dekoracji)

INSTRUKCJE:
a) Rozgrzej oliwę z oliwek na patelni na średnim ogniu. Dodaj posiekany czosnek i pokrojoną w kostkę pieczoną czerwoną paprykę, smaż, aż zaczną wydzielać aromat.
b) Wlać pokrojone w kostkę pomidory. Mieszaj do połączenia i gotuj na wolnym ogniu przez około 10 minut.
c) Zmniejsz ogień i wymieszaj z gęstą śmietaną. Pozostaw sos na wolnym ogniu przez kolejne 5 minut, od czasu do czasu mieszając.
d) Dopraw solą i pieprzem do smaku.
e) Podawaj kremowy sos pomidorowy i pieczoną paprykę na ugotowanym makaronie. Przed podaniem udekoruj posiekaną świeżą pietruszką.

95. Sos kremowy z pomidorów i koziego sera

SKŁADNIKI:
- 1 łyżka oliwy z oliwek
- 4 ząbki czosnku, posiekane
- 113 g sera koziego
- 1 puszka (14 uncji) pokrojonych w kostkę pomidorów
- 1/2 szklanki gęstej śmietanki
- Sól i pieprz do smaku
- Liście świeżego tymianku, posiekane (do dekoracji)

INSTRUKCJE:
a) Rozgrzej oliwę z oliwek na patelni na średnim ogniu. Dodaj posiekany czosnek i smaż, aż zacznie pachnieć.
b) Na patelnię dodajemy kozi ser i mieszamy aż się rozpuści.
c) Wlać pokrojone w kostkę pomidory. Mieszaj do połączenia i gotuj na wolnym ogniu przez około 10 minut.
d) Zmniejsz ogień i wymieszaj z gęstą śmietaną. Pozostaw sos na wolnym ogniu przez kolejne 5 minut, od czasu do czasu mieszając.
e) Dopraw solą i pieprzem do smaku.
f) Podawaj sos śmietanowy z pomidorów i koziego sera na ugotowanym makaronie. Przed podaniem udekoruj posiekanymi listkami świeżego tymianku.

96. Sos śmietanowy z pomidorów i gorgonzoli

SKŁADNIKI:
- 1 łyżka oliwy z oliwek
- 4 ząbki czosnku, posiekane
- 113 g sera Gorgonzola
- 1 puszka (14 uncji) pokrojonych w kostkę pomidorów
- 1/2 szklanki gęstej śmietanki
- Sól i pieprz do smaku
- Świeża natka pietruszki, posiekana (do dekoracji)

INSTRUKCJE:
a) Rozgrzej oliwę z oliwek na patelni na średnim ogniu. Dodaj posiekany czosnek i smaż, aż zacznie pachnieć.
b) Na patelnię dodaj ser Gorgonzola i mieszaj, aż się rozpuści.
c) Wlać pokrojone w kostkę pomidory. Mieszaj do połączenia i gotuj na wolnym ogniu przez około 10 minut.
d) Zmniejsz ogień i wymieszaj z gęstą śmietaną. Pozostaw sos na wolnym ogniu przez kolejne 5 minut, od czasu do czasu mieszając.
e) Dopraw solą i pieprzem do smaku.
f) Podawaj z sosem pomidorowym i śmietaną z gorgonzoli na ugotowanym makaronie. Przed podaniem udekoruj posiekaną świeżą pietruszką.

97. Sos kremowo-pomidorowy z bekonem

SKŁADNIKI:
- 4 plasterki boczku, posiekane
- 2 łyżki masła
- 4 ząbki czosnku, posiekane
- 1 puszka (14 uncji) pokrojonych w kostkę pomidorów
- 1/2 szklanki sosu pomidorowego
- 1/2 szklanki gęstej śmietanki
- Sól i pieprz do smaku
- Świeża natka pietruszki, posiekana (do dekoracji)

INSTRUKCJE:

a) Na patelni podsmaż posiekany boczek na średnim ogniu, aż będzie chrupiący. Zdejmij boczek z patelni i odłóż na bok, pozostawiając wytopiony tłuszcz na patelni.

b) Na patelnię dodaj masło z wytopionym tłuszczem z boczku. Gdy się rozpuści, dodaj posiekany czosnek i smaż, aż zacznie pachnieć.

c) Wlać pokrojone w kostkę pomidory i sos pomidorowy. Mieszaj do połączenia.

d) Gotuj sos przez około 10 minut, od czasu do czasu mieszając.

e) Wlać gęstą śmietanę i wymieszać, aż składniki dobrze się połączą. Dusić przez dodatkowe 5 minut.

f) Dopraw solą i pieprzem do smaku.

g) Podawaj kremowy sos pomidorowy z bekonem na ugotowanym makaronie. Przed podaniem udekoruj posiekaną świeżą natką pietruszki i chrupiącym boczkiem.

98. Ziołowy kremowy sos pomidorowy

SKŁADNIKI:
- 2 łyżki oliwy z oliwek
- 4 ząbki czosnku, posiekane
- 1 puszka (14 uncji) pokrojonych w kostkę pomidorów
- 1/2 szklanki sosu pomidorowego
- 1 łyżeczka suszonego tymianku
- 1 łyżeczka suszonego rozmarynu
- 1/2 szklanki gęstej śmietanki
- Sól i pieprz do smaku
- Posiekane świeże liście bazylii (do dekoracji)

INSTRUKCJE:
a) Rozgrzej oliwę z oliwek na patelni na średnim ogniu. Dodaj posiekany czosnek i smaż, aż zacznie pachnieć, około 1 minuty.
b) Na patelnię dodaj pokrojone w kostkę pomidory i sos pomidorowy. Wymieszać z suszonym tymiankiem i rozmarynem.
c) Gotuj sos przez około 10 minut, od czasu do czasu mieszając.
d) Wlać gęstą śmietanę i wymieszać, aż składniki dobrze się połączą. Dusić przez dodatkowe 5 minut.
e) Dopraw solą i pieprzem do smaku.
f) Podawaj ziołowy sos pomidorowy na ugotowanym makaronie. Przed podaniem udekoruj posiekanymi listkami świeżej bazylii.

99. Kremowy sos pomidorowy z krewetkami

SKŁADNIKI:
- 1 łyżka oliwy z oliwek
- 1 funt (450 g) krewetek, obranych i oczyszczonych
- Sól i pieprz do smaku
- 2 łyżki masła
- 4 ząbki czosnku, posiekane
- 1 puszka (14 uncji) pokrojonych w kostkę pomidorów
- 1/2 szklanki sosu pomidorowego
- 1/2 szklanki gęstej śmietanki
- Świeża natka pietruszki, posiekana (do dekoracji)

INSTRUKCJE:
a) Rozgrzej oliwę z oliwek na patelni na średnim ogniu. Krewetki doprawiamy solą i pieprzem, następnie wrzucamy na patelnię. Gotuj, aż będą różowe i nieprzezroczyste, około 2-3 minuty na stronę. Zdejmij krewetki z patelni i odłóż na bok.
b) Na tej samej patelni rozpuść masło. Dodaj posiekany czosnek i smaż, aż zacznie pachnieć, około 1 minuty.
c) Wlać pokrojone w kostkę pomidory i sos pomidorowy. Mieszaj do połączenia.
d) Gotuj sos przez około 10 minut, od czasu do czasu mieszając.
e) Wlać gęstą śmietanę i wymieszać, aż składniki dobrze się połączą. Dusić przez dodatkowe 5 minut.
f) Usmażone krewetki włóż z powrotem na patelnię i obtocz w sosie.
g) Podawaj kremowy sos pomidorowy z krewetkami na ugotowanym makaronie. Przed podaniem udekoruj posiekaną świeżą pietruszką.

100. Kremowy pomidor i szpinak Alfredo

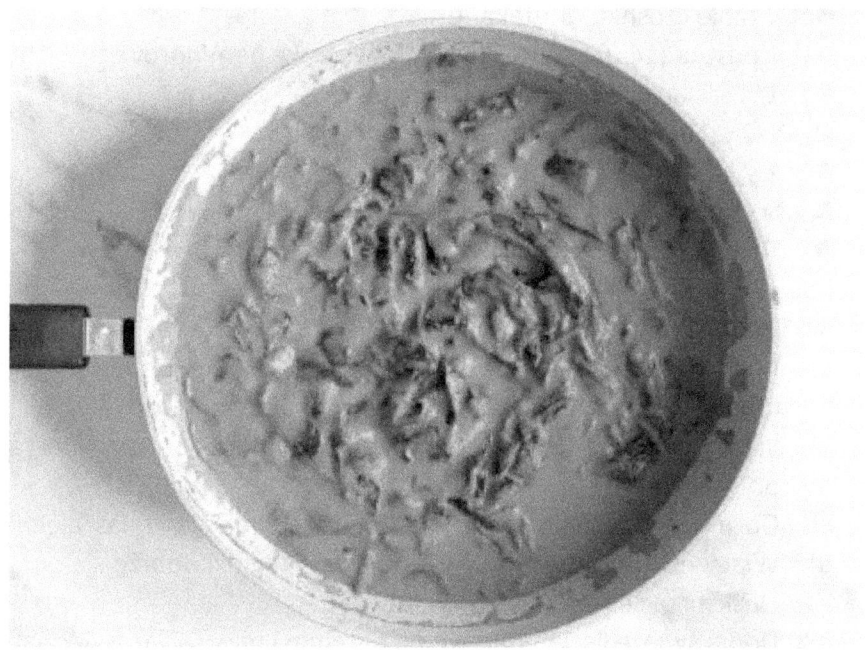

SKŁADNIKI:
- 2 łyżki masła
- 4 ząbki czosnku, posiekane
- 1 puszka (14 uncji) pokrojonych w kostkę pomidorów
- 1/2 szklanki sosu pomidorowego
- 1/2 szklanki gęstej śmietanki
- 1 szklanka świeżych liści szpinaku
- Sól i pieprz do smaku
- Tarty parmezan (do dekoracji)

INSTRUKCJE:
a) Na patelni rozpuść masło na średnim ogniu. Dodaj posiekany czosnek i smaż, aż zacznie pachnieć, około 1 minuty.
b) Wlać pokrojone w kostkę pomidory i sos pomidorowy. Mieszaj do połączenia.
c) Gotuj sos przez około 10 minut, od czasu do czasu mieszając.
d) Wlać gęstą śmietanę i wymieszać, aż składniki dobrze się połączą. Dusić przez dodatkowe 5 minut.
e) Dodaj świeże liście szpinaku na patelnię i mieszaj, aż zwiędną.
f) Dopraw solą i pieprzem do smaku.
g) Podawaj kremowy sos alfredo z pomidorów i szpinaku na ugotowanym makaronie. Przed podaniem udekoruj tartym parmezanem.

WNIOSEK

Żegnając się z „Podstawową książką kucharską na temat sosu pomidorowego", żegnamy się z sercami pełnymi wdzięczności za delektowane smaki, utworzone wspomnienia i kulinarne przygody przeżyte po drodze. Poprzez 100 pikantnych kreacji, które celebrują wszechstronność i smakowitość sosu pomidorowego, wyruszyliśmy w podróż pełną smaku, komfortu i kreatywności kulinarnej, odkrywając nieskończone możliwości tego skromnego, ale niezwykłego składnika.

Ale nasza podróż nie kończy się tutaj. Wracając do naszych kuchni, uzbrojeni w nowo odkrytą inspirację i uznanie dla sosu pomidorowego, kontynuujmy eksperymenty, innowacje i tworzenie. Niezależnie od tego, czy gotujemy dla siebie, swoich bliskich, czy gości, niech przepisy zawarte w tej książce kucharskiej będą źródłem radości i satysfakcji na długie lata.

A kiedy delektujemy się każdym pysznym kęsem dobroci nasyconej sosem pomidorowym, pamiętajmy o prostych przyjemnościach związanych z dobrym jedzeniem, dobrym towarzystwem i radością gotowania. Dziękujemy, że dołączyłeś do nas w tej aromatycznej podróży po świecie sosu pomidorowego. Niech Twoja kuchnia zawsze będzie wypełniona bogatym aromatem gotujących się pomidorów, a każde danie, które stworzysz, będzie celebracją smaku, tradycji i kulinarnej doskonałości.

www.ingramcontent.com/pod-product-compliance
Lightning Source LLC
Chambersburg PA
CBHW070420120526
44590CB00014B/1478